गांधी जी के श्रेष्ठ प्रेरक प्रसंग

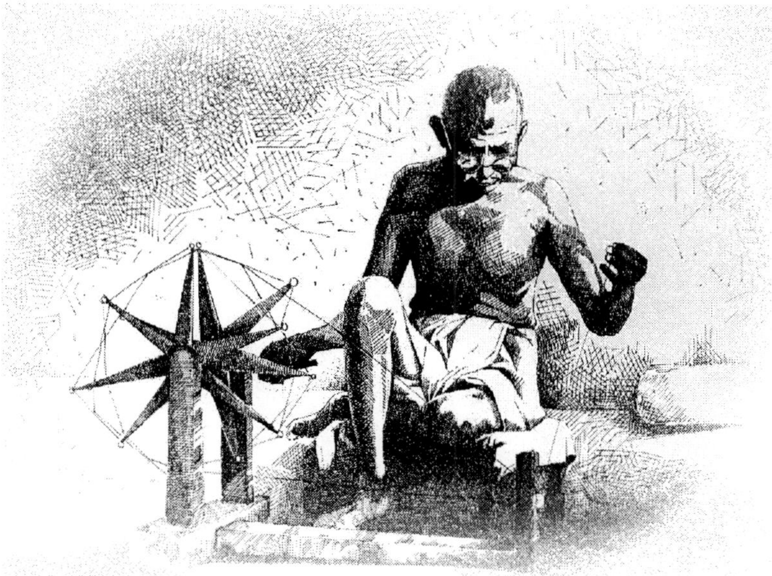

गांधी जी के श्रेष्ठ प्रेरक प्रसंग

डॉ. आशीष वशिष्ठ

दिव्यम् प्रकाशन
नई दिल्ली–110009

गांधी जी के श्रेष्ठ प्रेरक प्रसंग

©	:	सुरक्षित
ISBN	:	978-93-82658-93-1
प्रथम संस्करण	:	2022
मूल्य	:	495.00
प्रकाशक	:	दिव्यम् प्रकाशन 1093, डॉ. मुकर्जी नगर, दिल्ली - 110 009
एकमात्र वितरक	:	**के.के. पब्लिकेशन्स** 4806/24, प्रथम तल, भरतराम रोड दरियागंज, नई दिल्ली-110 002 फोन : 011-23285167, 47340207 ई-मेल : info@kkpublications.com वेब : www.kkpublications.com
आवरण	:	राजीव शर्मा, दिल्ली
लेज़र टाईपसैटिंग	:	कुमार कम्प्यूटर्स, दिल्ली-110 002.
मुद्रक	:	आर.के. प्रिंटर्स, दिल्ली-110 032.
पेपर एंड साइज	:	80 gsm; 5.6875 × 8.265 (Demy)
पेज	:	160

Gandhi Ji Ke Shreshtha Prerak Prasang **Rs. 495.00**

editor Dr. Ashish Vashisht

विश्व भर में बापू को
चाहने, मानने और पूजने वालों को
सादर समर्पित

अनुक्रम

मेरी बात

जब भी हिन्दुस्तान की आजादी का जिक्र होता है, तब-तब स्वतन्त्रता संग्राम के अनेक नायकों का जिक्र भी अवश्य होता है। उन सभी स्वतन्त्रता संग्राम सेनानियों की कुर्बानी और योगदान के लिए हम लोग सदैव उनके आभारी रहेंगें, क्योंकि उनकी कुर्बानियों की वजह से ही हम लोग आज आजादी का जीवन जी रहे हैं। इन्हीं देशप्रेमियों में एक अनोखा शख्स वह है जो धोती-कुर्ता पहने लाठी लेकर तथा चेहरे पर एक मुस्कान लिए बिना शस्त्र हमारी आजादी के लिए नि:स्वार्थ भाव से लड़ता रहा। जिनके कठिन प्रयासों की वजह से हमारा देश अंग्रेजों की गुलामी से आजाद हो सका। हम में से कई लोग इन्हें महात्मा गांधी कहकर पुकारते हैं, कई इन्हें बापू बुलाते हैं तथा कई लोग राष्ट्रपिता के रूप में इन्हें जानते हैं।

महात्मा गांधी जीवनभर सत्य और अहिंसा के मार्ग पर चले और अंग्रेजों को भारत छोड़ने पर मजबूर कर दिया। यूं तो गांधी जी का देहांत बहुत वर्ष पूर्व हो चुका है परन्तु आज भी लोग इन्हें अपना पथ प्रदर्शक मानते हैं तथा इन्हीं के सिद्धांतों का अनुसरण करते हुए अपने जीवन की दिशा निर्धारित करते हैं। अहिंसा के इस पुजारी ने जीवन में जो आलोक बिखेरा था, वह आज भी मनुष्यता के मार्ग को आलोकित कर रहा है।

महात्मा गांधी एक ऐसे व्यक्ति व्यक्ति थे जिन्होंने अहिंसा और लोगों की एकता में विश्वास किया और भारतीय राजनीति में आध्यात्मिकता लायें। उन्होंने भारतीय समाज में अस्पृश्यता को हटाने, भारत में पिछड़े वर्गों के उत्थान के लिए कड़ी मेहनत की, सामाजिक विकास के लिए गांवों को विकसित करने के लिए आवाज उठाई, स्वदेशी वस्तुओं और अन्य सामाजिक मुद्दों को उठाने के लिए लोगों को प्रेरित किया। वे आजादी की लड़ाई में भाग लेने के लिए आम लोगों को आगे लायें और उन्हें अपनी सच्ची स्वतंत्रता के लिए लड़ने के लिए प्रेरित किया। गांधीजी का संपूर्ण जीवन एक आंदोलन की तरह था। गांधीजी के सत्य, अहिंसा और सर्वधर्म समभाव के आदर्श आज भी प्रासंगिक हैं।

वे उन व्यक्तियों में से एक थे जिन्होंने अपने महान आदर्शों और सर्वोच्च त्यागों के माध्यम से आजादी के सपने को सच्चाई में बदल दिया। वे आज भी हमारे बीच उनके महान कार्यों और अहिंसा, सच्चाई, और प्रेम जैसे प्रमुख गुणों के लिए याद कियें जाते है। वे एक महान आत्मा के रूप में पैदा नहीं हुए थे बल्कि उन्होंने अपने कठिन संघर्षों

और कार्यों के माध्यम से खुद को महान बना दिया। महात्मा गांधी भारत के एक महान और उत्कृष्ट व्यक्तित्व थे जो आज भी देश और विदेशो के लोगो को अपने महानता की विरासत, आदर्शवाद और महान जीवन की वजह से प्रेरित करते है।

महात्मा गांधी को आज भारतीय स्वतंत्रता संग्राम में उनके द्वारा किए गए असाधारण योगदान के लिए ही नहीं अपितु अन्याय और असंगति के साथ निपटने में दुनिया को एक नई विचाराधारा देने के लिए भी याद किया जाता है। उन्होंने हमें अहिंसा का पाठ पढ़ाया हैं, जो मतभेदों के शांतिपूर्ण समाधान हेतु एक साधन के रूप में अहिंसा का उपयोग करने को प्रोत्साहन देता है।

महात्मा गांधी विश्व के उन नेताओं में से एक हैं जिनसे हर कोई बहुत कुछ सीख सकता है। उनकी कही हुई बातें लोगों को सही और सफल राहों पर ले जाती है। मौजूदा समय में जीवन के प्रत्येक क्षेत्र से जुड़े लोगों के लिए गांधी जी के जीवन से जुड़ी घटनाएं, प्रसंग और उनकी कही बातों को जानने, समझने और पढ़ने की जरूरत है। राष्ट्रपिता महात्मा गांधी की जीवन की मौलिकता और उनसे जुड़ी घटनाएं उनके जीवन दर्शन को समझाती हैं। भारत की आजादी में उनकी भूमिका सर्वविदित है। भले ही वह हमारे बीच नहीं हैं लेकिन उनकी विचारधारा वर्तमान परिस्थितियों में भी उतनी ही प्रासंगिक है।

प्रस्तुत पुस्तक 'महात्मा गांधी जी के श्रेष्ठ प्रेरक प्रसंग' में गांधी जी के जीवन से जुड़े रोचक एवं प्रेरक प्रसंगों का संकलन किया गया है। इसकी सामग्री गांधी जी पर उपलब्ध साहित्य एवं विभिन्न माध्यमों से प्राप्त की गई है। यह पुस्तक गांधी जी के जीवन को समझने की दिशा में एक विनम्र प्रयास है। आशा है, हमारे प्रबुद्ध पाठक इस पुस्तक को पढ़कर गांधी जी के जीवन और जीवन-दर्शन को समझ पाएंगे।

-डॉ. आशीष वशिष्ठ
लखनऊ, उ०प्र०

महात्मा गांधी जीवन परिचय

महात्मा गांधी के नाम से प्रसिद्ध मोहनदास करमचंद गांधी भारतीय स्वतंत्रता आंदोलन के एक प्रमुख राजनैतिक नेता थे। सत्याग्रह और अहिंसा के सिद्धान्तों पर चलकर उन्होंने भारत को आजादी दिलाने में महत्वपूर्ण भूमिका निभाई। उनके इन सिद्धांतों ने पूरी दुनिया में लोगों को नागरिक अधिकारों एवं स्वतन्त्रता आन्दोलन के लिये प्रेरित किया। उन्हें भारत का राष्ट्रपिता भी कहा जाता है। सुभाष चन्द्र बोस ने वर्ष 1944 में रंगून रेडियो से गांधी जी के नाम जारी प्रसारण में उन्हें 'राष्ट्रपिता' कहकर सम्बोधित किया था।

महात्मा गांधी समुच्च मानव जाति के लिए मिसाल हैं। उन्होंने हर परिस्थिति में अहिंसा और सत्य का पालन किया और लोगों से भी इनका पालन करने के लिये कहा। उन्होंने अपना जीवन सदाचार में गुजारा। वह सदैव परम्परागत भारतीय पोशाक धोती व सूत से बनी शाल पहनते थे। सदैव शाकाहारी भोजन खाने वाले इस महापुरुष ने आत्मशुद्धि के लिये कई बार लम्बे उपवास भी रखे।

सन् 1915 में भारत वापस आने से पहले गांधी जी ने एक प्रवासी वकील के रूप में दक्षिण अफ्रीका में भारतीय समुदाय के लोगों के नागरिक अधिकारों के लिये संघर्ष किया। भारत आकर उन्होंने समूचे देश का भ्रमण किया और किसानों, मजदूरों और श्रमिकों को भारी भूमि कर और भेदभाव के विरुद्ध संघर्ष करने के लिये एकजुट किया। सन् 1921 में उन्होंने भारतीय राष्ट्रीय कांग्रेस की बागडोर संभाली और अपने कार्यों से देश के राजनैतिक, सामाजिक और आर्थिक परिदृश्य को प्रभावित किया। उन्होंने सन् 1930 में नमक सत्याग्रह और इसके बाद 1942 में 'भारत छोड़ो' आन्दोलन से खासी प्रसिद्धि प्राप्त की। भारत के स्वतंत्रता संघर्ष के दौरान कई मौकों पर गाँधी जी कई वर्षों तक उन्हें जेल में भी रहे।

प्रारंभिक जीवन

मोहनदास करमचन्द गान्धी का जन्म भारत में गुजरात के एक तटीय शहर पोरबंदर में 2 अक्टूबर सन् 1869 को हुआ था। उनके पिता करमचन्द गान्धी ब्रिटिश राज के समय काठियावाड़ की एक छोटी सी रियासत (पोरबंदर) के दीवान थे। मोहनदास की माता

पुतलीबाई परनामी वैश्य समुदाय से ताल्लुक रखती थीं और अत्यधिक धार्मिक प्रवित्ति की थीं जिसका प्रभाव युवा मोहनदास पड़ा और इन्ही मूल्यों ने आगे चलकर उनके जीवन में महत्वपूर्ण भूमिका निभायी। वह नियमित रूप से व्रत रखती थीं और परिवार में किसी के बीमार पड़ने पर उसकी सेवा सुश्रुषा में दिन-रात एक कर देती थीं। इस प्रकार मोहनदास ने स्वाभाविक रूप से अहिंसा, शाकाहार, आत्मशुद्धि के लिए व्रत और विभिन्न धर्मों और पंथों को मानने वालों के बीच परस्पर सहिष्णुता को अपनाया।

सन 1883 में साढे 13 साल की उम्र में ही उनका विवाह 14 साल की कस्तूरबा से करा दिया गया। जब मोहनदास 15 वर्ष के थे तब इनकी पहली सन्तान ने जन्म लिया लेकिन वह केवल कुछ दिन ही जीवित रही। उनके पिता करमचन्द गांधी भी इसी साल (1885) में चल बसे। बाद में मोहनदास और कस्तूरबा के चार सन्तान हुईं– हरीलाल गान्धी (1888), मणिलाल गान्धी (1892), रामदास गान्धी (1897) और देवदास गांधी (1900)।

उनकी मिडिल स्कूल की शिक्षा पोरबंदर में और हाई स्कूल की शिक्षा राजकोट में हुई। शैक्षणिक स्तर पर मोहनदास एक औसत छात्र ही रहे। सन् 1887 में उन्होंने मैट्रिक की परीक्षा अहमदाबाद से उत्तीर्ण की। इसके बाद मोहनदास ने भावनगर के शामलदास कॉलेज में दाखिला लिया पर खराब स्वास्थ्य और गृह वियोग के कारण वह अप्रसन्न ही रहे और कॉलेज छोड़कर पोरबंदर वापस चले गए।

विदेश में शिक्षा और वकालत

मोहनदास अपने परिवार में सबसे ज्यादा पढ़े-लिखे थे इसलिए उनके परिवार वाले ऐसा मानते थे कि वह अपने पिता और चाचा का उत्तराधिकारी (दीवान) बन सकते थे। उनके एक पारिवारिक मित्र मावजी दवे ने ऐसी सलाह दी कि एक बार मोहनदास लन्दन से बैरिस्टर बन जाएं तो उनको आसानी से दीवान की पदवी मिल सकती थी। उनकी माता पुतलीबाई और परिवार के अन्य सदस्यों ने उनके विदेश जाने के विचार का विरोध किया पर मोहनदास के आश्वासन पर राज़ी हो गए। वर्ष 1888 में मोहनदास यूनिवर्सिटी कॉलेज लन्दन में कानून की पढ़ाई करने और बैरिस्टर बनने के लिये इंग्लैंड चले गये। अपने मां को दिए गए वचन के अनुसार ही उन्होंने लन्दन में अपना वक़्त गुजारा। वहां उन्हें शाकाहारी खाने से सम्बंधित बहुत कठिनाई हुई और शुरूआती दिनो में कई बार भूखे ही रहना पड़ता था। धीरे-धीरे उन्होंने शाकाहारी भोजन वाले रेस्टोरेंट्स के बारे में पता लगा लिया। इसके बाद उन्होंने 'वेजीटेरियन सोसाइटी' की सदस्यता भी ग्रहण कर ली। इस सोसाइटी के कुछ सदस्य थियोसोफिकल सोसाइटी के सदस्य भी थे और उन्होंने मोहनदास को गीता पढ़ने का सुझाव दिया।

जून 1891 में गांधी भारत लौट गए और वहां जाकर उन्हें अपनी मां के मौत के बारे में पता चला। उन्होंने बॉम्बे में वकालत की शुरुआत की पर उन्हें कोई खास सफलता नहीं मिली। इसके बाद वो राजकोट चले गए जहां उन्होंने जरूरतमन्दों के लिये मुकदमे की अर्जियां लिखने का कार्य शुरू कर दिया परन्तु कुछ समय बाद उन्हें यह काम भी छोड़ना पड़ा।

आख़िरकार सन् 1893 में एक भारतीय फर्म से नेटल (दक्षिण अफ्रीका) में एक वर्ष के करार पर वकालत का कार्य स्वीकार कर लिया।

गांधी जी दक्षिण अफ्रीका में (1893-1914)

गांधी जी 24 साल की उम्र में दक्षिण अफ्रीका पहुंचे। वह प्रिटोरिया स्थित कुछ भारतीय व्यापारियों के न्यायिक सलाहकार के तौर पर वहां गए थे। उन्होंने अपने जीवन के 21 साल दक्षिण अफ्रीका में बिताये जहां उनके राजनैतिक विचार और नेतृत्व कौशल का विकास हुआ। दक्षिण अफ्रीका में उनको गंभीर नस्ली भेदभाव का सामना करना पड़ा। एक बार ट्रेन में प्रथम श्रेणी कोच की वैध टिकट होने के बाद तीसरी श्रेणी के डिब्बे में जाने से इन्कार करने के कारण उन्हें ट्रेन से बाहर फेंक दिया गया। ये सारी घटनाएं उनके के जीवन में महत्वपूर्ण मोड़ बन गईं और मौजूदा सामाजिक और राजनैतिक अन्याय के प्रति जागरुकता का कारण बनीं। दक्षिण अफ्रीका में भारतीयों पर हो रहे अन्याय को देखते हुए उनके मन में ब्रिटिश साम्राज्य के अन्तर्गत भारतियों के सम्मान तथा स्वयं अपनी पहचान से सम्बंधित प्रश्न उठने लगे।

दक्षिण अफ्रीका में गांधी जी ने भारतियों को अपने राजनैतिक और सामाजिक अधिकारों के लिए संघर्ष करने के लिए प्रेरित किया। उन्होंने भारतियों की नागरिकता सम्बंधित मुद्दे को भी दक्षिण अफ्रीकी सरकार के सामने उठाया और सन 1906 के ज़ुलु युद्ध में भारतीयों को भर्ती करने के लिए ब्रिटिश अधिकारियों को सक्रिय रूप से प्रेरित किया। गांधी जी के अनुसार अपनी नागरिकता के दावों को कानूनी जामा पहनाने के लिए भारतीयों को ब्रिटिश युद्ध प्रयासों में सहयोग देना चाहिए।

भारतीय स्वतंत्रता संग्राम का संघर्ष (1916-1945)

वर्ष 1914 में गांधी दक्षिण अफ्रीका से भारत वापस लौट आये। इस समय तक गांधी एक राष्ट्रवादी नेता और संयोजक के रूप में प्रतिष्ठित हो चुके थे। वह उदारवादी कांग्रेस नेता गोपाल कृष्ण गोखले के कहने पर भारत आये थे और शुरूआती दौर में गांधी जी के विचार बहुत हद तक गोखले के विचारों से प्रभावित थे। प्रारंभ में गांधी ने देश के विभिन्न भागों का दौरा किया और राजनैतिक, आर्थिक और सामाजिक मुद्दों को समझने की कोशिश की।

चम्पारण और खेड़ा सत्याग्रह

बिहार के चम्पारण और गुजरात के खेड़ा में हुए आंदोलनों ने गांधी को भारत में पहली राजनैतिक सफलता दिलाई। चंपारण में ब्रिटिश ज़मींदार किसानों को खाद्य फसलों की बजाए नील की खेती करने के लिए मजबूर करते थे और सस्ते मूल्य पर फसल खरीदते थे जिससे किसानों की स्थिति बदतर होती जा रही थी। इस कारण वे अत्यधिक गरीबी से घिर गए। एक विनाशकारी अकाल के बाद अंग्रेजी सरकार ने दमनकारी कर लगा दिए जिनका बोझ दिन प्रतिदिन बढ़ता ही गया। कुल मिलाकर स्थिति बहुत निराशाजनक थी। गांधी जी ने जमींदारों के खिलाफ़ विरोध प्रदर्शन और हड़तालों का नेतृत्व किया जिसके बाद गरीब और किसानों की मांगों को माना गया।

सन् 1918 में गुजरात स्थित खेड़ा बाढ़ और सूखे की चपेट में आ गया था जिसके कारण किसान और गरीबों की स्थिति बदतर हो गयी और लोग कर माफ़ी की मांग करने लगे। खेड़ा में गांधी जी के मार्गदर्शन में सरदार पटेल ने अंग्रेजों के साथ इस समस्या पर विचार विमर्श के लिए किसानों का नेतृत्व किया। इसके बाद अंग्रेजों ने राजस्व संग्रहण से मुक्ति देकर सभी कैदियों को रिहा कर दिया। इस प्रकार चंपारण और खेड़ा के बाद गांधी की ख्याति देश भर में फैल गई और वह स्वतंत्रता आन्दोलन के एक महत्वपूर्ण नेता बनकर उभरे।

खिलाफत आन्दोलन

कांग्रेस के अन्दर और मुस्लिमों के बीच अपनी लोकप्रियता बढ़ाने का मौका गांधी जी को खिलाफत आन्दोलन के जरिये मिला। खिलाफत एक विश्वव्यापी आन्दोलन था जिसके द्वारा खलीफा के गिरते प्रभुत्व का विरोध सारी दुनिया के मुसलमानों द्वारा किया जा रहा था। प्रथम विश्व युद्ध में पराजित होने के बाद ओटोमन साम्राज्य विखंडित कर दिया गया था जिसके कारण मुसलमानों को अपने धर्म और धार्मिक स्थलों के सुरक्षा को लेकर चिंता बनी हुई थी। भारत में खिलाफत का नेतृत्व 'आल इंडिया मुस्लिम कांफ्रेंस' द्वारा किया जा रहा था। धीरे-धीरे गांधी जी इसके मुख्य प्रवक्ता बन गए। भारतीय मुसलमानों के साथ एकजुटता व्यक्त करने के लिए उन्होंने अंग्रेजों द्वारा दिए सम्मान और मैडल वापस कर दिया। इसके बाद गांधी जी न सिर्फ कांग्रेस बल्कि देश के एकमात्र ऐसे नेता बन गए जिसका प्रभाव विभिन्न समुदायों के लोगों पर था।

असहयोग आन्दोलन

गांधी जी का मानना था की भारत में अंग्रेजी हुकुमत भारतियों के सहयोग से ही संभव हो पाई थी और अगर हम सब मिलकर अंग्रेजों के खिलाफ हर बात पर असहयोग करें तो आजादी संभव है। गांधी जी की बढ़ती लोकप्रियता ने उन्हें कांग्रेस का सबसे बड़ा नेता

बना दिया था और अब वह इस स्थिति में थे कि अंग्रेजों के विरुद्ध असहयोग, अहिंसा तथा शांतिपूर्ण प्रतिकार जैसे अस्त्रों का प्रयोग कर सकें। इसी बीच जलियावांला नरसंहार ने देश को भारी आघात पहुंचाया जिससे जनता में क्रोध और हिंसा की ज्वाला भड़क उठी थी।

गांधी जी ने स्वदेशी नीति का आह्वान किया जिसमें विदेशी वस्तुओं विशेषकर अंग्रेजी वस्तुओं का बहिष्कार करना था। उनका कहना था कि सभी भारतीय अंग्रेजों द्वारा बनाए वस्त्रों की अपेक्षा हमारे अपने लोगों द्वारा हाथ से बनाई गई खादी पहनें। उन्होंने पुरूषों और महिलाओं को प्रतिदिन सूत कातने के लिए कहा। इसके अलावा महात्मा गांधी ने ब्रिटेन की शैक्षिक संस्थाओं और अदालतों का बहिष्कार, सरकारी नौकरियों को छोड़ने तथा अंग्रेजी सरकार से मिले तमगों और सम्मान को वापस लौटाने का भी अनुरोध किया।

असहयोग आन्दोलन को अपार सफलता मिल रही थी जिससे समाज के सभी वर्गों में जोश और भागीदारी बढ़ गई लेकिन फरवरी 1922 में इसका अंत चौरी-चौरा कांड के साथ हो गया। इस हिंसक घटना के बाद गांधी जी ने असहयोग आंदोलन को वापस ले लिया। उन्हें गिरफ्तार कर राजद्रोह का मुकदमा चलाया गया जिसमें उन्हें छह साल कैद की सजा सुनाई गयी। ख़राब स्वास्थ्य के चलते उन्हें फरवरी 1924 में सरकार ने रिहा कर दिया।

स्वराज और नमक सत्याग्रह

असहयोग आन्दोलन के दौरान गिरफ़्तारी के बाद गांधी जी फरवरी 1924 में रिहा हुए और सन् 1928 तक सक्रिय राजनीति से दूर ही रहे। इस दौरान वह स्वराज पार्टी और कांग्रेस के बीच मनमुटाव को कम करने में लगे रहे और इसके अतिरिक्त अस्पृश्यता, शराब, अज्ञानता और गरीबी के खिलाफ भी लड़ते रहे।

इसी समय अंग्रेजी सरकार ने सर जॉन साइमन के नेतृत्व में भारत के लिए एक नया संवैधानिक सुधार आयोग बनाया पर उसका एक भी सदस्य भारतीय नहीं था जिसके कारण भारतीय राजनैतिक दलों ने इसका बहिष्कार किया। इसके पश्चात् दिसम्बर 1928 के कलकत्ता अधिवेशन में गांधी जी ने अंग्रेजी हुकुमत को भारतीय साम्राज्य को सत्ता प्रदान करने के लिए कहा और ऐसा न करने पर देश की आजादी के लिए असहयोग आंदोलन का सामना करने के लिए तैयार रहने के लिए भी कहा। अंग्रेजों द्वारा कोई जवाब नहीं मिलने पर 31 दिसम्बर 1929 को लाहौर में भारत का झंडा फहराया गया और कांग्रेस ने 26 जनवरी 1930 का दिन भारतीय स्वतंत्रता दिवस के रूप में मनाया। इसके पश्चात गांधी जी ने सरकार द्वारा नमक पर कर लगाए जाने के विरोध में नमक सत्याग्रह चलाया जिसके अंतर्गत उन्होंने 12 मार्च से 6 अप्रैल तक अहमदाबाद से

दांडी, गुजरात, तक लगभग 388 किलोमीटर की यात्रा की। इस यात्रा का उद्देश्य स्वयं नमक उत्पन्न करना था। इस यात्रा में हजारों की संख्या में भारतीयों ने भाग लिया और अंग्रेजी सरकार को विचलित करने में सफल रहे। इस दौरान सरकार ने लगभग 60 हज़ार से अधिक लोगों को गिरफ्तार कर जेल भेजा।

इसके बाद लार्ड इरविन के प्रतिनिधित्व वाली सरकार ने गांधी जी के साथ विचार-विमर्श करने का निर्णय लिया जिसके फलस्वरूप गांधी-इरविन संधि पर मार्च 1931 में हस्ताक्षर हुए। गांधी-इरविन संधि के तहत ब्रिटिश सरकार ने सभी राजनैतिक कैदियों को रिहा करने के लिए सहमति दे दी। इस समझौते के परिणामस्वरूप गांधी जी कांग्रेस के एकमात्र प्रतिनिधि के रूप में लंदन में आयोजित गोलमेज सम्मेलन में भाग लिया परन्तु यह सम्मेलन कांग्रेस और दूसरे राष्ट्रवादियों के लिए घोर निराशाजनक रहा। इसके बाद गांधी जी फिर से गिरफ्तार कर लिए गए और सरकार ने राष्ट्रवादी आन्दोलन को कुचलने की कोशिश की।

1934 में गांधी जी ने कांग्रेस की सदस्यता से इस्तीफ़ा दे दिया। उन्होंने राजनीतिक गतिविधियों के स्थान पर अब 'रचनात्मक कार्यक्रमों' के माध्यम से 'सबसे निचले स्तर से' राष्ट्र के निर्माण पर अपना ध्यान लगाया। उन्होंने ग्रामीण भारत को शिक्षित करने, छुआछूत के ख़िलाफ़ आन्दोलन जारी रखने, कताई, बुनाई और अन्य कुटीर उद्योगों को बढ़ावा देने और लोगों की आवश्यकताओं के अनुकूल शिक्षा प्रणाली बनाने का काम शुरू किया।

हरिजन आंदोलन

दलित नेता बी.आर. अम्बेडकर की कोशिशों के परिणामस्वरूप अंग्रेज सरकार ने अछूतों के लिए एक नए संविधान के अंतर्गत पृथक निर्वाचन मंजूर कर दिया था। येरवडा जेल में बंद गांधीजी ने इसके विरोध में सितंबर 1932 में छ: दिन का उपवास किया और सरकार को एक समान व्यवस्था (पूना पैक्ट) अपनाने पर मजबूर किया। अछूतों के जीवन को सुधारने के लिए गांधी जी द्वारा चलाए गए अभियान की यह शुरूआत थी। 8 मई 1933 को गांधी जी ने आत्म-शुद्धि के लिए 21 दिन का उपवास किया और हरिजन आंदोलन को आगे बढ़ाने के लिए एक-वर्षीय अभियान की शुरुआत की। अम्बेडकर जैसे दलित नेता इस आन्दोलन से प्रसन्न नहीं थे और गांधी जी द्वारा दलितों के लिए हरिजन शब्द का उपयोग करने की निंदा की।

द्वितीय विश्व युद्ध और 'भारत छोड़ो आन्दोलन'

द्वितीय विश्व युद्ध के आरंभ में गांधी जी अंग्रेजों को 'अहिंसात्मक नैतिक सहयोग' देने के पक्षधर थे परन्तु कांग्रेस के बहुत से नेता इस बात से नाखुश थे कि जनता के प्रतिनिधियों

के परामर्श लिए बिना ही सरकार ने देश को युद्ध में झोंक दिया था। गांधी जी ने घोषणा की कि एक तरफ भारत को आजादी देने से इंकार किया जा रहा था और दूसरी तरफ लोकतांत्रिक शक्तियों की जीत के लिए भारत को युद्ध में शामिल किया जा रहा था। जैसे-जैसे युद्ध बढ़ता गया गांधी जी और कांग्रेस ने 'भारत छोड़ो' आन्दोलन की मांग को तीव्र कर दिया।

'भारत छोड़ो' स्वतंत्रता आन्दोलन के संघर्ष का सर्वाधिक शक्तिशाली आंदोलन बन गया जिसमें व्यापक हिंसा और गिरफ्तारी हुई। इस संघर्ष में हजारों की संख्या में स्वतंत्रता सेनानी या तो मारे गए या घायल हो गए और हजारों गिरफ्तार भी कर लिए गए। गांधी जी ने यह स्पष्ट कर दिया था कि वह ब्रिटिश युद्ध प्रयासों को समर्थन तब तक नहीं देंगे जब तक भारत को तत्काल आजादी न दे दी जाए। उन्होंने यह भी कह दिया था कि व्यक्तिगत हिंसा के बावजूद यह आन्दोलन बन्द नहीं होगा। उनका मानना था की देश में व्याप्त सरकारी अराजकता असली अराजकता से भी खतरनाक है। गांधी जी ने सभी कांग्रेसियों और भारतीयों को अहिंसा के साथ करो या मरो (डू ऑर डाय) के साथ अनुशासन बनाए रखने को कहा।

जैसा कि सबको अनुमान था अंग्रेजी सरकार ने गांधी जी और कांग्रेस कार्यकारणी समिति के सभी सदस्यों को मुबंई में 9 अगस्त 1942 को गिरफ्तार कर लिया और गांधी जी को पुणे के आगा खां महल ले जाया गया जहां उन्हें दो साल तक बंदी बनाकर रखा गया। इसी दौरान उनकी पत्नी कस्तूरबा गांधी का देहांत 22 फरवरी 1944 को हो गया और कुछ समय बाद गांधी जी भी मलेरिया से पीड़ित हो गए। अंग्रेज़ उन्हें इस हालत में जेल में नहीं छोड़ सकते थे इसलिए जरूरी उपचार के लिए 6 मई 1944 को उन्हें रिहा कर दिया गया। आंशिक सफलता के बावजूद भारत छोड़ो आंदोलन ने भारत को संगठित कर दिया और द्वितीय विश्व युद्ध के अंत तक ब्रिटिश सरकार ने स्पष्ट संकेत दे दिया था कि जल्द ही सत्ता भारतीयों के हाथ सौंप दी जाएगी। गांधी जी ने भारत छोड़ो आंदोलन समाप्त कर दिया और सरकार ने लगभग 1 लाख राजनैतिक कैदियों को रिहा कर दिया।

देश का विभाजन और आजादी

जैसा कि पहले कहा जा चुका है, द्वितीय विश्व युद्ध के समाप्त होते-होते ब्रिटिश सरकार ने देश को आज़ाद करने का संकेत दे दिया था। भारत की आजादी के आन्दोलन के साथ-साथ, जिन्ना के नेतृत्व में एक 'अलग मुसलमान बाहुल्य देश' (पाकिस्तान) की भी मांग तीव्र हो गयी थी और 40 के दशक में इन ताकतों ने एक अलग राष्ट्र 'पाकिस्तान' की मांग को वास्तविकता में बदल दिया था। गांधी जी देश का बंटवारा नहीं चाहते थे क्योंकि यह उनके धार्मिक एकता के सिद्धांत से बिलकुल अलग था पर ऐसा हो न पाया और अंग्रेजों ने देश को दो टुकड़ों भारत और पाकिस्तान में विभाजित कर दिया।

गांधी जी की हत्या

30 जनवरी 1948 को राष्ट्रपिता महात्मा गांधी जी की दिल्ली के 'बिरला हाउस' में शाम 5:17 पर हत्या कर दी गयी। गांधी जी एक प्रार्थना सभा को संबोधित करने जा रहे थे जब उनके हत्यारे नाथूराम गोडसे ने उबके सीने में 3 गोलियां दाग दी। ऐसे माना जाता है की 'हे राम' उनके मुख से निकले अंतिम शब्द थे। नाथूराम गोडसे और उसके सहयोगी पर मुकदमा चलाया गया और 1949 में उन्हें मौत की सजा सुनाई गयी।

रामनाम और बापू

राजस्थान के लक्ष्मणगढ़ निवासी बालूराम अढ़तिया रामनाम के आढ़ती के नाम से विख्यात थे। वे अपने साथ एक बही रखते और किसी भी प्रमुख व्यक्ति के पास पहुंचकर उनसे प्रार्थना करते कि आप इस बही में अपने हाथ से लिखें कि भगवान के इतने हजार नामों का जप प्रतिदिन किया करेंगे।

एक बार गांधीजी मुंबई आए हुए थे। आढ़तिया भाई हनुमान प्रसाद पोद्दार जी के साथ पहुंचे। उन्होंने गांधीजी से प्रार्थना की आप राष्ट्र की स्वाधीनता के संकल्प को पूरा करने के उद्देश्य से प्रतिदिन राम-नाम जाप का संकल्प लें तथा मेरी इस बही में हस्ताक्षर कर दें। गांधीजी पास बैठे जमनालाल बजाज की ओर देखकर मुस्कुराए तथा बोले, आप मुझे जाप की संख्या सीमा में क्यों बांधते हैं?

मैं जब अफ्रीका में था तब संख्या ध्यान में रखकर राम-नाम का जाप करता था। परंतु अब तो जब समय मिलता है राम-नाम का जाप करता रहता हूं।

गांधीजी ने हनुमान प्रसाद पोद्दार की ओर देखते हुए कहा, भाई जी, रामनाम ने तो मेरी लंदन में पग-पग पर रक्षा की। इस नाम में अपार शक्ति है। आप इसका प्रचार कर जन कल्याण का कार्य कर रहे हैं।

सफाई ही सुव्यवस्था है

महात्मा गांधी की ख्याति न केवल भारत बल्कि संपूर्ण विश्व में है। वह जहां भी जाते थे लोग उनका बहुत स्वागत सत्कार करते थे और यही आलम भारत के विभिन्न शहरों और गांवो में भी था।

एक बार पत्रकारों की गोष्ठी में बापू राजनीतिक प्रसंगों पर उत्तर दे रहे थे। उसी समय हास्य-विनोद की मुद्रा में एक पत्रकार ने बापू से पूछा कि यदि आपको एक दिन के लिए भारत का डिक्टेटर बना दिया जाए, तो क्या करेंगे?

बापू थोड़ा रुके और फिर अपनी बात कहना शुरू की वह बोले कि- 'मैं सभी विचारशील व्यक्तियों और सरकारी कर्मचारियों को सफाई में जुटा दूंगा। सफाई ही सुव्यवस्था है। जब तक इसका महत्व न समझा जाएगा, तब तक किसी व्यक्ति या किसी देश की वास्तविक उन्नति होना असंभव है।'

उनका यह जवाब सुनकर पत्रकार वार्ता में मौजूद सभी लोग उनके विचारों से अभिभूत हो गए और बापू की प्रशंसा करने लगे।

गलती का एहसास

साबरमती आश्रम में जब बापू थे, तब एक नियम था कि भोजन के समय दो बार घंटी बजाई जाती थी। जो व्यक्ति दूसरी घंटी बजने तक नहीं पहुंच पाते थे, उन्हें दूसरी पंक्ति लगने तक प्रतीक्षा करनी पड़ती थी।

एक दिन की बात है कि दूसरी घंटी बजने तक बापू भोजनालय में उपस्थित नहीं हो सके और भोजनालय का द्वार बंद हो गया। जब बापू द्वार तक आए और दूसरी पंक्ति लगने की प्रतीक्षा करने लगे तभी उनके एक सहयोगी ने हंसते हुए बापू को ताने भरे हुए शब्दों में कहा, 'बापू आज तो आप भी अपराधियों की पंक्ति में खड़े हैं।'

यह सुनकर बापू ने बड़ी विनम्रता से कहा, 'नियम तो आखिर नियम है, सभी पर नियम समान रूप से लागू होने चाहिए। अगर किसी से गलती हो जाए तो उसे सुधारने के लिए सजा भी भुगतनी चाहिए और मैं भी आज अपराधियों की पंक्ति में इसीलिए खड़ा हूं।'

बापू की सेवावृत्ति

कांग्रेस अधिवेशन में पहली बार भाग लेने के लिए गांधीजी दक्षिण अफ्रीका से कोलकाता पहुंचे। कांग्रेस कार्यालय के मंत्री घोषाल बाबू ने गांधीजी को बड़े ध्यान से देखा और हंसकर पूछा, 'मेरे पास क्लर्क का काम है, आप करेंगे?' गांधीजी ने उत्तर दिया, 'अवश्य करूंगा।' घोषाल ने उनके सामने पत्रों का ढेर रख दिया और कहा, 'आप सब पत्रों को देख लीजिए और जिसकी पावती भेजना उचित समझें, भेज दीजिए।' गांधीजी ने पत्रों को तुरंत निपटा दिया। घोषाल बाबू बहुत खुश हुए। बाद में जब बातों-बातों में घोषाल बाबू को गांधीजी की योग्यता का पता चला तो वह बहुत लज्जित हुए। इस कार्य को गांधीजी ने उपयोगी माना, क्योंकि उन्हें पत्रों के माध्यम से लोगों के विचार जानने को मिले। दोपहर में घोषाल बाबू गांधीजी को भोजन के लिए अपने साथ ले गए। घोषाल बाबू की शर्ट में बटन भी उनका सेवक लगाता था। यह देखकर गांधीजी आगे बढ़े और स्वयं ही बटन लगाने लगे। घोषाल बाबू फिर लज्जित हुए, लेकिन वह गांधीजी की सेवावृत्ति का भाव समझ गए।

डर के आगे जीत

चंपारण में गोरे लोग वहां के लोगों को बहुत सताते थे। गांधीजी इस बात की जांच करने के लिए वहां गए। उनके वहां पहुंचने से वहां की जनता का साहस बढ़ गया। इस पर गोरे बहुत परेशान हुए।

एक दिन एक आदमी ने आकर बापू को बताया कि गोरे उन्हें मार डालना चाहते हैं और उन्होंने इस काम के लिए एक आदमी भी नियुक्त कर दिया है। बापू एक दिन रात को अकेले ही उस गोरे के घर जा पहुंचे जिसने यह योजना बनाई थी।

गोरे ने उन्हें देखा तो पूछा, 'तुम कौन हो?'

'गांधी', गांधीजी ने जवाब दिया।

यह सुनकर वह हैरान रह गया।

''हां, मैं गांधी हूं, सुना है, तुम मुझे मारना चाहते हो ? और तुमने इस काम के लिए एक आदमी को भी नियुक्त कर दिया है।''

गोरा सन्न रह गया।

बापू आगे बोले, '' मैं अकेला यहां आया हूं, तुम अपना काम कर सकते हो।''

गोरे की हैरानी की सीमा न रही। डर को इस तरह जीतने वाला आदमी उसने पहले कभी नहीं देखा था।

गांधीजी की सीख

गांधी जी के करीबी मित्रों में से एक थे डॉ. प्राणजीवन मेहता। रेवाशंकर और जगजीवन दास डॉ. मेहता के भाई थे। गांधी जी के प्रति रेवाशंकर के मन में अपार श्रद्धा थी। इसलिए, गांधी जी जब मुंबई जाते तो प्रायः रेवाशंकर के घर पर ही ठहरते थे। रेवाशंकर बापू का खूब स्वागत-सत्कार करते थे। एक दिन गांधी जी मुंबई आए तो उनके साथ आनंदस्वामी भी थे। रेवाशंकर उन्हें देख बहुत प्रसन्न हुए। उन्होंने दोनों का यथोचित स्वागत किया। आनंदस्वामी की रेवाशंकर के रसोइए के साथ किसी बात पर अनबन हो गई। रसोइए ने तैश में आकर कुछ ऐसा बोल दिया, जो आनंदस्वामी को बहुत बुरा लगा। वह क्रोधित हो उठे और उन्होंने रसोइए को चांटा जड़ दिया।

शिकायत गांधी जी तक जा पहुंची। उन्होंने आनंदस्वामी को बुलाकर समझाया, 'तुम्हारा यह आचरण अशोभनीय है। तुमने ऐसा क्यों किया?' आनंदस्वामी ने जवाब दिया, 'मुझे क्रोध आ गया था।' इस पर गांधीजी बोले, 'क्रोध में भी प्रायः अपने से कमजोर लोगों को ही निशाना बनाते हैं। यदि बड़े लोगों से तुम्हारा ऐसा झगड़ा हो जाता तो उन्हें तो तुम थप्पड़ नहीं लगाते। वह नौकर है, इसलिए तुमने उसे चांटा जड़ दिया। अभी जाकर क्षमा मांगो।'

जब आनंदस्वामी ने आनाकानी की तो गांधी जी ने कहा, 'अपने अपराध का प्रायश्चित तभी होता है, जबकि पीड़ित से सच्चे हृदय से क्षमा मांग ली जाए। क्षमा से न केवल अपराध का बोझ समाप्त होता है, बल्कि आत्म परिष्कार भी होता है। तुम स्वयं में सुधार नहीं कर सकते तो मेरे साथ भी नहीं रह सकते।' आनंदस्वामी ने तत्काल रसोइए के पास जाकर उससे क्षमा मांग ली।

कथनी-करनी

अक्तूबर 1917 में कलकत्ता में कांग्रेस के महाधिवेशन में महात्मा गांधी शामिल हुए। वहां किसान नेता ने उनसे चम्पारण के किसानों पर अंग्रेजों द्वारा किये जा रहे अत्याचारों की चर्चा की। उन्होंने निवेदन किया कि आप अफ्रीका जैसा आन्दोलन यहां भी करें।

गांधी जी चम्पारण पहुंचे। उनके साथ कस्तूरबा गांधी भी थीं। यहां गांधी जी का इतिहास प्रसिद्ध सत्याग्रह शुरू हुआ। कस्तूरबा गांधी गांवों में महिलाओं को सफाई का महत्व समझातीं। एक दिन कस्तूरबा भीतिहरवा गांव गईं। वहां की किसान औरतों के कपड़े बहुत गंदे थे।

कस्तूरबा ने समझाया कि गंदगी से बीमारियां होती हैं। कपड़ा धोने में कोई ज्यादा खर्चा भी नहीं आता। इस पर एक गरीब महिला जिसके कपड़े बहुत गंदे थे, अपनी झोपड़ी में ले गई और बोली ''माताजी! देखें, मेरे घर में कुछ नहीं है। बस मेरी देह पर एक ही धोती है। आप ही बताइये मैं क्या पहन कर धोती साफ करूं? आप गांधी जी से कहकर मुझे एक धोती दिलवा दें तो रोज स्नान करूं और कपड़े साफ रखूं। गांधी जी पर इसका विचित्र प्रभाव पड़ा। बस उसी दिन से उन्होंने केवल लंगोटी पहन कर तन ढकने की प्रतिज्ञा कर ली।

कसरत के लाभ

जब गांधी जी दिल्ली की हरिजन बस्ती में ठहरे हुए थे तो एक दिन पं. जवाहरलाल नेहरू उनसे मिलने वहां पहुंचे। लेकिन उस समय बापू वायसराय से मिलने गए थे। एक कोने में कूदने वाली रस्सी रखी थी। समय गुजारने के लिए नेहरू जी ने रस्सी उठाई और कूदने लगे। सामने से मनु आई तो उससे बोले, तुम्हें प्रतिदिन सुबह सौ बार रस्सी कूदनी चाहिए और दूध पी लेना चाहिए। ऐसा करने से तुम्हें बार-बार बुखार और जुकाम नहीं होंगे। ये बातें हो ही रही थीं कि गांधी जी आ गए। नेहरूजी के हाथ में रस्सी देखकर बापू बोले, 'दोनों कूदने की होड़ कर रहे हो क्या?' सब हंसने लगे। नेहरू जी बोले, 'रस्सी कूदने के फायदे बता रहा था।'

गांधीजी ने स्वीकारोक्ति के स्वर में कहा, 'बिल्कुल सही बात है। इस कसरत के बहुत लाभ हैं। जब मैं इंग्लैंड में था तो मेरे पास गरम कपड़े बहुत कम थे। वहां सर्दी भी

बहुत थी फिर भी बिना नहाए मुझसे रहा नहीं जाता था। इसीलिए मैं खूब दौड़ता था। इससे शरीर गर्म भी रहता था और स्वास्थ्य भी अच्छा रहता था।'

गलत खर्च मतलब फिजूलखर्ची

गांधीजी का जन्मदिन था। रोज की तरह शाम को आश्रम में प्रार्थना के लिए जब वह आए तो देखा कि वहां घी का दीया जल रहा है। 'यह घी का दीया किसने जलाया है?' गांधीजी ने वहां बैठे आश्रमवासियों से पूछा। कस्तूरबा बोलीं, 'मैंने जलाया है।' गांधीजी ने उदासी भरे स्वर में कहा, 'आज के दिन जो सबसे बुरी बात हुई है वह है इस दीये को जलाना।' कस्तूरबा अपने मन ही मन में मंथन करने लगीं कि इसमें इतनी बुरी बात क्या हो गई और अन्य आश्रमवासी भी चकित होकर सोचने लगे। गांधीजी उनकी उत्सुकता को भांप रहे थे। अपनी बात को स्पष्ट करते हुए उन्होंने कहा, 'कस्तूरबा! तुम जानती हो कि गांव के लोग कितने निर्धन हैं। उन्हें रोटी पर तेल तक चुपड़ने को नहीं मिलता और तुम मेरे जन्मदिन पर घी जला रही हो। इससे बड़ी फिजूलखर्ची क्या हो सकती है?'

कस्तूरबा के प्रश्न का पूर्ण समाधान अभी नहीं हुआ था, उन्होंने नम्रता से गांधी जी से पूछा, 'आप ही ने तो कुछ दिन पूर्व एक प्रवचन में कहा था कि गलत और बुरी जगह खर्च करना फिजूलखर्ची है। मैंने तो पवित्र भावना से इस घी के दीये को जलाया है।' गांधीजी ने कस्तूरबा को समझाते हुए कहा, 'जो वस्तु निर्धन लोगों को नसीब नहीं होती, उसका उपयोग करने का हमें भी कोई अधिकार नहीं है। इस पर घी जलाना तो और भी गलत है। खासकर तब, जब सूर्य का प्रकाश फैला हो और कहीं अंधेरे का नामोनिशान तक न हो। तब केवल इसलिए घी का दीपक जलाना कि वह तुम्हें अच्छा लगता है, ठीक नहीं है, गलत है और गलत जगह खर्च करना ही फिजूलखर्ची है।'

गांधीजी के समझाने पर कस्तूरबा को अपनी गलती समझ में आ गई। उन्होंने तुरंत गांधीजी से अनजाने में हुई इस गलती के लिए क्षमा मांगी और भविष्य में ऐसी गलती न दोहराने का प्रण लिया।

पर पीड़ा का एहसास

एक बार गांधीजी किसी मदरसे में छात्रों को पढ़ा रहे थे। एक विद्यार्थी द्वारा पाठ को ठीक से न समझने पर गांधीजी को क्रोध आ गया और वे विद्यार्थी को छड़ी से पीटने लगे।

विद्यार्थी मार के कारण रो पड़ा। विद्यार्थी की आंख से टपक रहे आंसू देखकर गांधीजी को अत्यंत पीड़ा का अनुभव हुआ। वे दर्द भरे स्वर में बोले- बेटा, मारा तो मैंने आपको है, परंतु न जाने क्यों पीड़ा मुझे हो रही है। मुझे क्षमा कर दें।

डरे-सहमे छात्र ने पूछा- गुरुजी, अपराधी तो मैं हूं कि मैंने पाठ को ठीक से नहीं समझा और क्षमा आप मांग रहे हैं! बच्चे को गले से लगाते हुए गांधीजी बोले- बेटा, मैं आपको मार ही नहीं रहा था, दरअसल, मुझे लगा कि मैं एक इनसान होकर जैसे अपनी पशुता का परिचय दे रहा था। ऐसे तो पशुओं को पीटा जाता है।

गांधीजी के निर्मल हृदय से चिपके छात्र का दर्द सचमुच शून्य हो गया था।

आत्मा का भोजन

एक वकील ने गांधी जी से कहा, ‘महात्मा जी, आप का बहुत-सा समय प्रार्थना करने में बीत जाता है। अगर आपने यह समय भी देश सेवा में लगाया होता तो देश की सेवा और अधिक हो गई होती।’

गांधी जी गंभीर हो गए और थोड़ी देर चुप रहे। फिर बोले, ‘वकील महोदय! आप भोजन करने में कितना समय लगाते हैं? ‘लगभग बीस-तीस मिनट’ वकील बोला। ‘भोजन करने में आपका बहुत समय बर्बाद हो जाता है। अगर इतना समय आप मुकदमों की तैयारी में लगाते तो अभी तक आपने बहुत से मुकदमों की तैयारी कर ली होती।’

‘मैं मुकदमों की तैयारी बिना भोजन कैसे कर सकता हूं?’ वकील ने कहा।

वकील का उत्तर सुनकर गांधी जी ने मुस्कुराकर कहा, ‘वकील साहब! जिस प्रकार आप बिना भोजन के मुकदमे की तैयारी नहीं कर सकते, उसी प्रकार मैं भी प्रार्थना के बिना देश सेवा नहीं कर सकता। प्रार्थना मेरी आत्मा का भोजन है। इससे मेरी आत्मा को शक्ति और प्रेरणा मिलती है।’

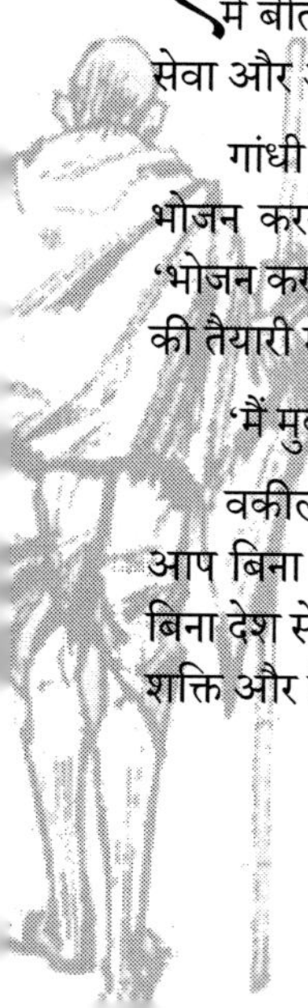

हक की सीमा

एक बार महात्मा गांधी का इलाहाबाद जाना हुआ तो वे जवाहर लाल नेहरू के साथ आनंद भवन में ठहरे। प्रातःकाल दोनों नदी के पास जा हाथ-मुंह धोने लगे। बातचीत भी चल रही थी। गांधीजी के लोटे का पानी खत्म हो गया। वे बोल पड़े-ओह, पानी खत्म हो गया। कुल्ला करना तो शेष रह गया। उनकी बात सुन नेहरू बोले- बापू यह यमुना निरंतर प्रवाहमान है, जितना पानी चाहिए, फिर ले लीजिए। इसमें पानी की कमी नहीं। उनकी बात सुन बापू मुस्कुराए और बोले-जवाहर, ठीक कहते हो, यहां यमुना बह रही है। किंतु इस पर अकेले मेरा हक नहीं। लाखों-करोड़ों लोगों को इसका पानी चाहिए। मैं अपने हक से ज्यादा पानी खर्च करूं, यह मुझसे न होगा।

बापू ने बताया दान और व्यापार का महत्व

एक दिन एक व्यक्ति महात्मा गांधी के पास आकर अपना दुःख सुनाने लगा। उसने गांधी जी से कहा कि बापू, यह दुनिया बड़ी बेईमान है।

आप तो यह अच्छी तरह से जानते हैं कि मैनें पचास हजार रुपए दान देकर धर्मशाला बनवाई थी। पर अब उन लोगों ने मुझे ही उसकी प्रबंध समिति से हटा दिया है। धर्मशाला नहीं थी तो कोई नहीं था, पर अब उस पर अधिकार जताने वाले पचासों लोग खड़े हैं।

उस व्यक्ति की बात सुनकर बापू थोड़ा मुस्कुराए और फिर बोले, भाई तुम्हें यह निराशा इसलिए हुई कि तुम दान का सही अर्थ नहीं समझ सके। वास्तव में किसी चीज को देकर कुछ प्राप्त करने की आकांक्षा दान नहीं हैं। यह तो व्यापार है। तुमने धर्मशाला के लिए दान तो किया, लेकिन फिर तुम व्यापारी की तरह उससे प्रतिदिन लाभ की उम्मीद करने लगे। वह व्यक्ति चुपचाप बिना कुछ बोले वहां से चलता बना। उसे अब दान और व्यापार का अंतर समझ में आ चुका था।

अहिंसा बहादुरों का हथियार

गुजरात में महात्मा गांधी के साबरमती आश्रम में लड़कियां भी रहती थीं। एक दिन की बात है कुछ लड़कियां कहीं से लौट रही थीं। रास्ते में कुछ लड़के उनको छेड़ने लगे। लड़कियां इस घटना से घबरा गईं और दौड़ते हुए आश्रम पहुंचीं।

उन्होंने सारी घटना का जिक्र बापू से किया। बापू बोल, 'तुम लोग भाग क्यों आईं?' हिम्मत से वहीं ठहरना था। तब एक लड़की बोली, 'अगर लड़के हमारी बेइज्जती करते तब?' बापू बोले, 'तो उनको वहां सबक सिखाना चाहिए था।' यह सुनकर सभी लड़कियां हैरान हो गईं। क्योंकि बापू तो हमेशा अहिंसा के मार्ग पर चलने की सीख देते थे।

बापू, लड़कियों के चेहरे पर पड़ी असमंजस के शिकन को समझ गए और फिर बोले, 'अहिंसा बहादुरों का हथियार है। यह कोई नहीं समझता। अहिंसा के परदे में अपनी कमजोरी नहीं छिपानी चाहिए। यह कायरता है। तुम लोगों को समाज में पनप रहे ऐसे हानिकारक लोगों को सबक सिखाना चाहिए था। यूं नहीं आना चाहिए था।'

बड़े दिल के बापू

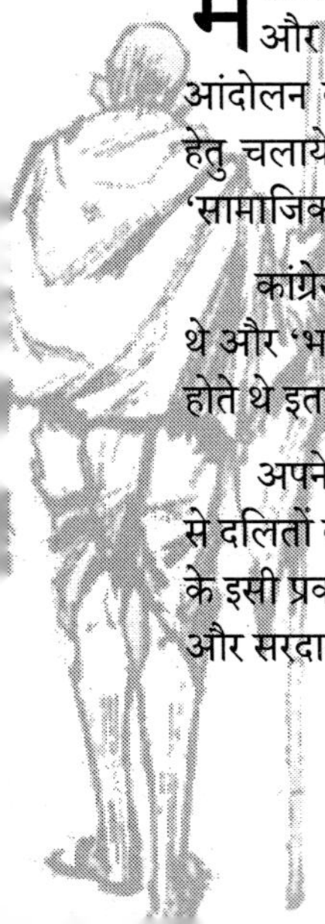

महात्मा गांधी जी छुआछूत के खिलाफ थे। एक बार उन्होंने अपने आश्रम में दलित और सवर्ण के विवाह की अनुमति दी। हालांकि उस समय भारतीय स्वतंत्रता आंदोलन की अगुआई कर रही कांग्रेस गांधी जी द्वारा दलितों के सामाजिक उत्थान हेतु चलाये गये इन कदमों से सहमति नहीं रखती थी क्योंकि उसका मानना था कि 'सामाजिक सुधार' को 'स्वतंत्रता आन्दोलन' से पृथक रखा जाना चाहिए।

कांग्रेस के इस रवैये के कारण डॉ. भीमराव अम्बेडकर अंग्रेजी राज का साथ दे रहे थे और 'भारत छोड़ो आन्दोलन' के समय वे वायसराय की कार्यकारी परिषद के सदस्य होते थे इतना ही नहीं वे गांधी के प्रखर आलोचक भी थे।

अपने इस व्यवहार के पीछे उनका मानना था कि कांग्रेस के ब्राह्मण बाहुल्य ढांचे से दलितों का भला नहीं हो सकता था। 1947 में जब देश स्वतंत्र हुआ तो डॉ. अंबेडकर के इसी प्रकार के विचारों के चलते कांग्रेस के नेतागण विशेष रूप से जवाहरलाल नेहरू और सरदार पटेल उन्हें अपने पहले मंत्रिमंडल में साथ रखने को तैयार न थे।

लेकिन गांधी जी ने हस्तक्षेप करके यह समझाने का प्रयास किया कि कि आजादी कांग्रेस को नहीं मिली है बल्कि देश को मिली है इसलिए पहले मंत्रिमंडल में सबसे अच्छी प्रतिभाओं को शामिल किया जाना चाहिये चाहे वह किसी भी दल अथवा समुदाय की क्यों न हों।

गांधी के इस सकारात्मक हस्तक्षेप के बाद ही डॉ. अम्बेडकर देश के पहले कानून मंत्री बन सके थे। गांधी जी के लिये मन में किसी के लिये बैर अथवा पूर्वाग्रह नहीं था इसीलिये गांधीजी को बड़े दिल वाला भी कहा जाता है।

देशहित के लिए इकन्नी भी जरूरी

बात देहरादून की है। जब महात्मा गांधी हरिजन कोष के लिए धन एकत्रित करने के लिए एक सभा में पहुंचे। सभा का आयोजन महिलाओं ने किया था। उन्होंने दो हजार रुपये के थैली भी गांधीजी को भेंट स्वरूप दी। किसी ने आभूषण तो किसी ने कुछ और धन हरिजन कोष के लिए दिया।

चारों तरफ शोर था। उस शोर में बस एक आवाज अलग सुनाई दे रही थी, तो वो थी गांधीजी की। तभी गांधी जी की नजर एक महिला पर गई, जो हाथ में इक्नी (इक्नी यानी एक पैसा यह मुद्रा दशकों पहले चलती थी) थी।

गांधी जी के पास वह पहुंची। तब बापू ने कहा, 'क्या तुम पैर भी स्पर्श करोगी?' उसने सहमति जताई। तब गांधी जी ने कहा, 'मैं इसके लिए एक और इकन्नी लूंगा।' उस महिला ने कहा, 'क्या आप पैर छूने के भी पैसे लेते हो।' गांधीजी ने हंसते हुए कहा, 'हां' लेकिन ये सारा पैसे हरिजन कोष में जाकर देशहित में उपयोग किया जाएगा।

संयम के स्वामी

एक बार गांधी जी स्वामीनाथन नामक व्यक्ति के साथ एक स्थान पर ठहरे हुए थे। उनकी सेवा के लिए एक नौकर आया। नौकर से सेवा कार्य के दौरान थोड़ी गलती हो गई। झल्लाए स्वामीनाथन ने नौकर को जोर से थप्पड़ मारा और खूब डांटा भी। नौकर की दीन दशा देखकर गांधी जी बोले- स्वामीनाथन, मैं आपको स्वामी नहीं मानता। क्या स्वामी ऐसा जानवर जैसा व्यवहार करते हैं जैसा कि आपने इस नौकर के साथ किया है। स्वामी वह है जिसने अपने पर संयम साध लिया है। लज्जित स्वामीनाथन ने जीवनभर ऐसा व्यवहार न करने का संकल्प लिया।

समय का महत्व

एक बार महात्मा गांधी को एक कार्यक्रम में जन मानस को सम्बोधित करने के लिये आमंत्रित किया गया। उन दिनों वे साबरमती आश्रम में रहते थे। कार्यक्रम नजदीक के एक गांव में आयोजित था। गांधीजी की दिनचर्या पूर्व-निश्चित रहती थी, इसलिये उन्होंने पूछा- 'कार्यक्रम कितने बजे आरम्भ होगा'? स्वयंसेवक ने कार्यक्रम का समय बताया। गांधीजी ने अपनी सहमति दे दी। उनकी स्वकृति मिल जाने पर प्रसन्न हो कर स्वयं सेवक ने कहा- 'मैं कल कार्यक्रम शुरू होने से पूर्व आपको लेने आ जाऊंगा।'

अगले दिन गांधीजी तैयार थे। परन्तु स्वयं सेवक अभी तक उन्हें लेने नहीं पहुंचा था। यह सोचकर, कि यदि वे समय पर नहीं पहुंचे तो कार्यक्रम में आये लोगों का समय व्यर्थ ही नष्ट होगा। गांधीजी कार्यक्रम में भाग लेने के लिये रवाना हो गये।

थोड़ी देर बाद स्वयं सेवक आश्रम पहुंचा। गांधीजी को न पाकर वह निराश होकर कार्यक्रम-स्थल लौट आया। वहां पहुंचने पर देखा कि महात्मा गांधी भाषण दे रहे हैं और लोग मंत्र-मुग्ध हो कर सुन रहे हैं।

भाषण समाप्त होने के पश्चात् वह गांधीजी से मिला और माफी मांगते हुए बोला- 'मैं आश्रम गया था, परन्तु आप नहीं मिले। आप यहां कैसे पहुंचे'?

गांधीजी ने कहा- 'कार्यक्रम शुरू होने में 15 मिनिट ही शेष रह गये थे, मुझे चिंता हुई, यदि मैं समय पर नहीं पहुंचा तो लोगों को इन्तजार करना पड़ेगा। कितने सारे लोगों का समय नष्ट हो जाता। इसलिये मैं तेजी से साइकल चलाते हुए यहां पहुंच गया।'

गांधीजी ने आगे कहा- 'समय का मूल्य समझो। हमेशा याद रखो कि हमारे समय के समान ही अन्य लोगों का समय भी मूल्यवान है। कीमती समय को व्यर्थ नष्ट मत करो।'

स्वयं-सेवक बहुत शर्मिन्दा हुआ। परन्तु समय की कीमत उसे समझ में आ गयी थी। महापुरुष अपने आचरण से सीख देते हैं।

कागज की कतरन

महात्मा गांधी दैनिक डाक देखते समय प्रत्येक पत्र को ध्यान से पढ़ने के बाद पत्र के कोरे भाग को कैंची से काट कर अलग रख रहे थे। एक सज्जन बहुत देर से गांधीजी की यह क्रिया ध्यान से देख रहे थे।

उन्होंने आश्चर्य व्यक्त करते हुए गांधीजी से पूछा- 'आप पत्रों की इन कतरनों को एकत्रित कर रहे हैं, इनका क्या उपयोग है?'

गांधीजी ने जबाव दिया- 'मैं पत्रों के उत्तर देने के लिये कागज की इन्हीं कतरनों का उपयोग करता हूं। इन कोरे हिस्सों का उपयोग न होगा, तो ये कागज बेकार हो जाएंगे। यदि मैं नये कागज का प्रयोग करूंगा तो इससे एक तो अनावश्यक खर्च में वृद्धि हो जाएगी और दूसरे राष्ट्रीय सम्पत्ति नष्ट होगी। किसी देश में जितनी वस्तुएं होती हैं, वह सब उस देश की सम्पत्ति मानी जानी चाहिए। हमारा देश निर्धन है, ऐसी स्थिति में हमें धन का दुरुपयोग न करना चाहिए।' वह सज्जन सोच रहे थे महापुरुष की सोच व्यक्तिपरक नही बल्कि देशपरक होती है।

बापू की असाधारण गलती

एक दिन बापू शाम की प्रार्थना सभा में बोलते-बोलते बहुत परेशान हो गए। उन्होंने कहा, जो गलती मुझसे हुई है, वह असाधारण और अक्षम्य है। कई बरस पहले मुझे इसका पता लगा, पर तभी मैंने इस ओर ध्यान नहीं दिया। इस कारण से कई वर्ष नष्ट हो गए।

मुझसे बहुत बड़ा पाप हो गया है। दरिद्रनारायण की सेवा का जिसने व्रत ले रखा हो, उससे इस प्रकार की लापरवाही किसी तरह भी नहीं होनी चाहिए। अगर उस दिन ही मैंने यह गलती सुधार ली होती, तो इन बीते सालों में दरिद्रनारायण की जो क्षति हुई है, वह न हो पाती।

सभी लोग हैरान होकर बापू के व्यथित स्वर और आत्मग्लानि से भरे हुए शब्दों को सुन रहे थे। लोगों के मन में यह प्रश्न स्वाभाविक था कि कौन-सी वह बात है जिसके लिए बापू को इतनी लम्बी और कठोर भूमिका बांधनी पड़ रही है। बापू ने कौन-सा ऐसा काम कर डाला कि उसे वे पाप की संज्ञा दे रहे हैं।

बापू ने अपना पाप बताया। लोग रोज जो दातून इस्तेमाल करके फेंक देते हैं, उनको भी काम में लाया जा सकता है। यह विचार कुछ साल पहले उनके मन में आया था। पर उस विचार को कार्य रूप में अमल करना वे भूल गए थे। यह उनकी दृष्टि में अक्षम्य अपराध था।

उस दिन अचानक उनका ध्यान उस ओर गया। बापू साधारण से साधारण कामों में यह देखते थे कि किस तरह से कम से कम खर्च हो। कैसे अधिक से अधिक बचत हो। ताकि दरिद्र ग्रामवासी उस आदर्श को अपना कर अपनी गरीबी का बोझ कुछ कम कर सकें।

उस दिन उन्होंने इस्तेमाल की गई दातून का सदुपयोग करने का आदेश आश्रमवासियों को दिया। उन्होंने बताया कि इस्तेमाल की हुई दातून को धोकर साफ कर लिया जाय और फिर उसे धूप में सुखा कर रख दिया जाए। इस तरह सुखाई हुई दातून ईंधन के काम आ सकती हैं।

बापू ने कुछ लोगों के चेहरे पर शंका मिश्रित आश्चर्य को पढ़ लिया। शंका का समाधान करते हुए उन्होंने कहा, यह सोचना गलत है कि फेंकी हुई दातून का ईंधन नहीं होगा। यहां के कुछ दिन के ही प्रवास में मेरे और दल के चार-पांच लोगों ने अपनी-अपनी दातूनों को सुखा कर जितना ईंधन इकट्ठा किया था, उसी से मेरे लिए स्नान के लिए एक लोटा पानी गरम हो गया।

अब यदि यहां रहने वाले सभी भाई-बहन साल भर की दातून इकट्ठा कर लें तो कुछ दिनों की रसोई पकाने लायक ईंधन तो इकट्ठा हो ही जाएगा और अगर साल में एक दिन के ईंधन की भी इस तरह से बचत हो जाए तो क्या वह कुछ भी नहीं?

बापू ने आगे कहा, गांव वालों की गरीबी के बोझ को थोड़ा-थोड़ा भी अगर कम किया जाय, बेकार समझ कर फेंक दी जाने वाली चीजों का भी अगर सोच-समझ कर कुछ न कुछ उपयोग निकाला जाय, तो धीरे-धीरे उनका बोझ बहुत कम हो जाएगा, और वे कूड़े को भी सोने में बदलने लगेंगे।

उसी दिन से कुएं के पास एक बाल्टी टांग दी गई और उसमें सभी लोग अपनी-अपनी इस्तेमाल की गई दातून अच्छी तरह धोकर डाल देते। उसे धूप में सुखा दिया जाता।

धर्म से बढ़कर कुछ नहीं

गांधीजी के पुत्र मणिलाल एक बार बचपन में बहुत बीमार हो गए। डॉक्टर को बुलाया गया। डॉक्टर ने जांच के बाद कहा, बच्चे को मीट का शोरबा देना पड़ेगा।

बापू शाकाहारी थे। इसीलिए उन्होंने डॉक्टर से निवेदन किया कि वह बच्चे को शोरबे के बदले कोई और भोजन बताएं। डॉक्टर ने इस पर झुंझलाते हुए कहा- बापू, आपके बच्चे की हालत बहुत खराब है। इस परिस्थिति में बच्चे के साथ आपको ऐसी सख्ती नहीं करनी चाहिए।

गांधी जी ने डॉक्टर को उत्तर दिया, डॉक्टर होने के नाते अपने मणिलाल के लिए जो पथ्य बताता है यह सही है। लेकिन मेरी जिम्मेदारी बहुत बड़ी है। अगर मणिलाल वयस्क होतो तो इसे आपकी इच्छानुसार करने की आज्ञा देता। पर इसके अबोध होने के कारण इसके बारे में मुझे ही विचार करना है।

ऐसे समय में धर्म की परीक्षा होती है। मनुष्य को मांस नहीं खाना चाहिए। इसे मैनें धर्म की मर्यादा ऐसे ही समय में मांस खाने से रोकती है। अतः मणिलाल को मैं शोरबा नहीं दूंगा। उसकी सिर्फ जल चिकित्सा करूंगा। और गांधीजी की जल चिकित्सा से मणिलाल कुछ दिनों से ही स्वस्थ हो गए।

एक करोड़ से ज्यादा कीमती तांबे का सिक्का

महात्मा गांधी जी देश भर में भ्रमण कर चरखा संघ के लिए धन इकट्ठा कर रहे थे। अपने दौरे में वे उड़ीसा में एक सभा को संबोधित करने पहुंचे। उनके भाषण के बाद एक बूढ़ी गरीब महिला खड़ी हुई, उसके बाल सफेद हो चुके थे, कपड़े फटे थे और वह झुक कर चल रही थी, किसी तरह वह भीड़ से होते हुए गांधी जी के पास तक पहुचीं।

उसने कहा, 'मुझे गांधी जी को देखना है' उसने आग्रह किया और उन तक पहुंच कर उनके पैर छुए। फिर उसने अपने साड़ी के पल्लू में बंधा एक तांबे का सिक्का निकाला और गांधी जी के चरणों में रख दिया।

महात्मा गांधी जी ने सावधानी से सिक्का उठाया और अपने पास रख लिया। उस समय चरखा संघ का कोष जमनालाल बजाज संभाल रहे थे। उन्होंने गांधी जे से वो सिक्का मांगा, लेकिन गांधी जी ने उसे देने से मना कर दिया।

ऐसा देखकर जमनालाल जी हंसते हुए कहा- 'मैं चरखा संघ के लिए हजारों रुपए के चेक संभालता हूं, फिर भी आप मुझ पर इस सिक्के को लेकर यकीन नहीं कर रहे हैं।'

महात्मा गांधी जी ने उत्तर दिया कि- 'यह तांबे का सिक्का उन हजारों रुपए से कहीं ज्यादा कीमती है। यदि किसी के पास लाखों हैं और वो हजार-दो हजार दे देता है तो उसे कोई फर्क नहीं पड़ता। लेकिन ये सिक्का शायद उस औरत की कुल जमा-पूंजी थी। उसने अपना सारा धन दान दे दिया। कितनी उदारता दिखाई उसने कितना बड़ा बलिदान दिया! इसीलिए इस तांबे के सिक्के का मूल्य मेरे लिए एक करोड़ से भी अधिक है।'

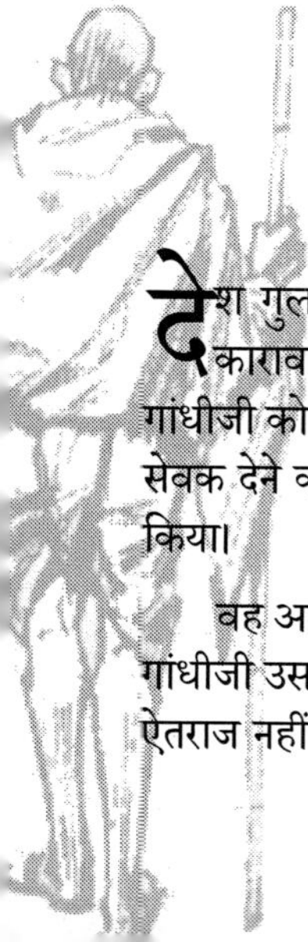

जादू की झप्पी में वशीकरण की शक्ति

देश गुलामी का संताप भोग रहा था। सन् 1902, महात्मा गांधी को 6 वर्ष का कारावास की सजा हुई उन्हें यरवदा जेल भेजा गया। वहां का जेलर अंग्रेज था। वह गांधीजी को अंग्रेजी साम्राज्य का सबसे बड़ा शत्रु मानता था। इसलिए बापू के लिए जब सेवक देने का अवसर आया तो उसने एक अफ्रीकी व्यक्ति को उनकी सेवा में नियुक्त किया।

वह अफ्रीकी न तो हिंदी और न ही अंग्रेजी समझता था। केवल इशारों के जरिए ही गांधीजी उससे बात करते थे। गांधीजी जेलर की धूर्तता समझ गए। फिर भी उन्होंने कोई ऐतराज नहीं जताया। एक दिन उस अफ्रीकी सेवक को बिच्छू ने काटा तो वह दौड़ता

हुआ गांधी जी के पास पहुंचा। गांधीजी ने तुरंत काटे हुए स्थान पर मुंह लगाया और जहर निकालने लगे।

कुछ ही देर बाद वह अफ्रीकी ठीक हो गया। फिर गांधीजी ने कुछ दवाएं भी दीं। और उसे गले लगा (जादू की झप्पी) लिया। उस अफ्रीकी को कभी भी इतना स्नेह देखने को नहीं मिला था। जब जेलर ने यह देखा तो वो कुछ भी न कर सका। तो इसे कहते हैं स्नेह का जादू, जो किसी को भी वश में कर सकता है।

स्वाभिमान के फल

महात्मा गांधी आगा खां महल में नजरबंद थे। उनके मित्र रोज उनके लिए कुछ न कुछ भेंट लाते थे। एक दिन 10-12 साल का बालक, जो कि मैले-कुचैले कपड़े पहने हुए था, आगा खां महल में पहुंचा और बापू को अपने हाथ से दो-तीन फल देने की जिद करने लगा। बापू ने उससे फल ले लिए और उसके बदले बच्चे को कुछ पैसे देने चाहे। इस पर उस बालक ने कहा- बापू मैं भिखारी नहीं हूं, दिन भर मजदूरी कर मैंने जो कुछ पैसे बचाए हैं, उन्हीं से ये फल खरीद कर लाया हूं। बालक के शब्दों को सुन बापू बोले- धन्य है वह मां जिसने तुम जैसे बालक को जन्म दिया। पैसे वाले मित्रों के फल तो मुझे रोज ही मिलते रहते हैं, लेकिन असली मीठे फल तो मुझे आज ही मिले हैं। वह बालक था डॉ. राम मनोहर लोहिया, जिसने बापू के आदर्शों पर चलकर अपना सब कुछ देश के लिए न्योछावर कर दिया।

मन का बल

साबरमती आश्रम में विनोबा भावे गांधीजी के पास पहुंचे और बोले, 'मैं आपके साथ रहूंगा।' गांधीजी को उस समय लोगों की सेवाओं की जरूरत थी। अतः विनोबा को स्वीकृति मिल गई। दूसरे ही दिन विनोबा ने पूछा, 'बापू, मैं क्या काम करूं?' गांधीजी ने कहा, 'कुएं से पानी खींच कर लाया करो।' युवक विनोबा दुबले-पतले थे, फिर भी वे काम में जुट गए। गांधीजी ने देखा तो विनोबा से बोले, 'तुम बहुत दुर्बल हो। पानी खींचने का काम रहने दो। तुम्हें मैं दूसरा काम दूंगा।' किंतु विनोबा ने उत्तर दिया,

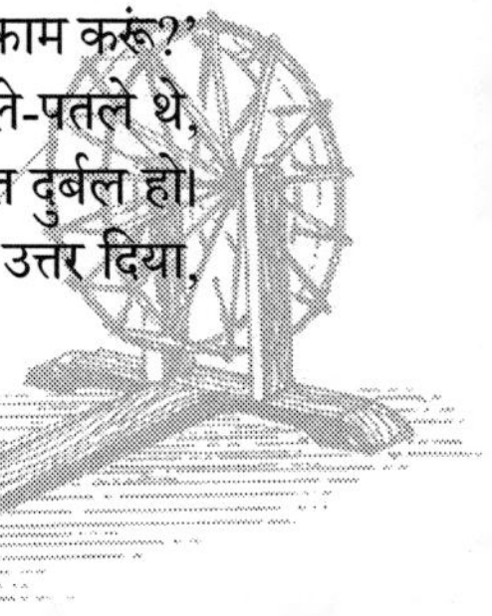

'बापू, शरीर से दुर्बल हुआ तो क्या हुआ? मेरा मन तो दुर्बल नहीं है।' श्रम के प्रति विनोबा के इसी दृष्टिकोण ने उन्हें महापुरुष बनाया।

सूक्ष्म हिंसा

एक बार गांधीजी देवीपुर गांव में गए। जैसे ही वे सभा स्थल पर पहुंचे, वैसे ही उन्हें लोगों ने बड़े-बड़े हार पहनाने शुरू कर दिए। कुछ लोगों ने चंदन से उनका तिलक किया और कइयों ने आरती उतारी। कार्यक्रम समाप्त होने पर सभा के अध्यक्ष बोले, 'बापूजी, आपके स्वागत-सत्कार में यदि कोई कमी रह गई हो तो बताइए।'

गांधीजी बोले, 'कार्यक्रम बहुत अच्छा था। लेकिन यदि आप स्वागत के लिए फूलों के हार की जगह सूत के हार पहनाते तो मुझे ज्यादा खुशी होती।'

यह सुनकर अध्यक्ष हैरानी से बोला, 'बापूजी, आप ऐसा क्यों कह रहे हैं?'

गांधीजी बोले, 'इसलिए, क्योंकि सूत के हार बाद में कपड़े बनाने के काम आ जाते, फिजूल न जाते। फूल तो अपने पेड़ पर ही शोभा देते हैं और सब को अपनी सुगंध और सुंदरता से आनंद पहुंचाते हैं। उनको बेकार में सजावट के लिए या शौक के लिए तोड़ना उचित नहीं है। बल्कि यह तो एक तरह से सूक्ष्म हिंसा है।

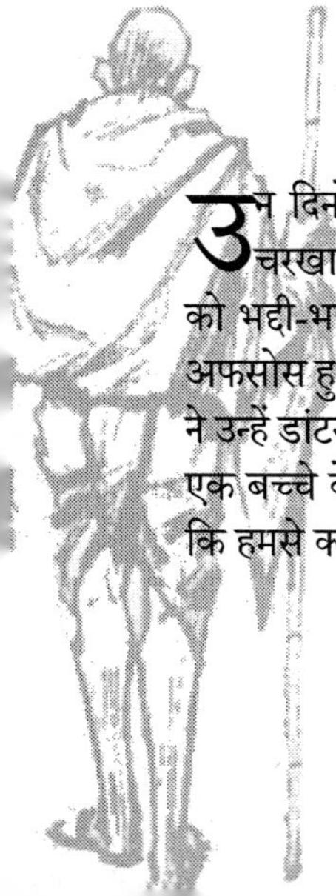

असली दोषी

उन दिनों गांधीजी चंपारण में थे। एक सुबह वह अपनी कुटिया के बाहर बैठकर चरखा कात रहे थे। उनके सामने दो बच्चे खेलते-खेलते लड़ने लगे और एक-दूसरे को भद्दी-भद्दी गालियां देने लगे। बच्चों के मुंह से गालियां सुनकर गांधीजी को बेहद अफसोस हुआ। उन्होंने उनके मां-बाप को बुला भेजा। वे गांधीजी के पास पहुंचे। गांधीजी ने उन्हें डांटना शुरू कर दिया। बच्चों के मां-बाप खामोशी से सब कुछ सुनते रहे। लेकिन एक बच्चे के पिता से रहा नहीं गया। उसने कहा-बापू क्षमा करें। हम समझ नहीं पा रहे कि हमसे क्या गलती हो गई है?

गांधीजी ने कहा- सुनो। तुम लोगों के बच्चे यहां खेल रहे थे। उनमें झगड़ा हो गया और वे एक-दूसरे को गाली देने लगे। इस पर उस व्यक्ति ने कहा- आप उन्हें बुलाकर डांट देते।

गांधीजी बोले- देखो। मैं उन्हें डांट सकता था। पर तब न जब वे दोषी होते। ये गालियां उन्होंने तुम लोगों से ही सीखी होंगी। या कहीं और किसी से भी सीखी हों तो तुम लोगों ने उन्हें सुधारने की कोशिश नहीं की। इसलिए दोषी तुम लोग हुए। डांट तुम्हें पड़नी चाहिए। यह सुनकर बच्चों के अभिभावकों ने सिर झुका लिया।

बापू की बड़ी सोच

महात्मा गांधी बच्चों से बेहद प्यार करते थे। एक बार उनके आश्रम में किसी जरूरी बैठक का आयोजन हुआ। बैठक में भाग लेने वाले सभी लोग एकत्र हो गए, लेकिन गांधीजी नहीं पहुंचे। सभी चिंतित हो उठे। गांधीजी तो समय के बहुत पक्के हैं, फिर क्यों नहीं आए। थोड़ी देर इंतजार करने के बाद कुछ लोग उन्हें देखने के लिए उनकी कुटिया में गए। वहां गांधीजी एक पुराने बक्से में हाथ डाले कुछ खोज रहे थे। एक आश्रमवासी ने कहा-बापू हम तो घबरा गए थे, आप यहां क्या खोज रहे हैं? गांधीजी ने कहा-कुछ दिन पहले दक्षिण भारत के एक बच्चे ने बड़े प्रेम से मुझे अपनी पेंसिल दी थी, वही खोज रहा हूं। एक आश्रमवासी ने कहा-अभी उसकी क्या जरूरत है, उसे हम बाद में खोज देंगे। गांधीजी बोले-बैठक की बातें उसी से तो लिखूंगा। यह सुन सब चकित रह गए।

ज्ञान का संगीत

कन्या गुरुकुल, देहरादून की आचार्य विद्यावती और प्रोफेसर रामदेव ने कभी गांधीजी को गुरुकुल में आने का निमंत्रण दे रखा था। यात्रा करते हुए गांधीजी जब देहरादून पहुंचे, तो वहां भी गए। बालिकाओं ने बड़े उत्साह से उनका स्वागत किया। गांधीजी के स्वागत में उन्होंने मंगलाचरण में संस्कृत के पद गाए। कार्यक्रम के अंत में गांधीजी जब आशीर्वाद देने के लिए उठे तो उन्होंने कहा-राग का दर्जा भाषा और कविता से बहुत ऊंचा है। राग-रागिनियां वर्ग व्यवस्था की उपासक ठहरीं। तुम लोगों ने घनाक्षरी के स्वरों में भीम पलासी के स्वर मिला दिए। ऐसा करने से राग वर्णसंकर हो जाता है। भले

ही किसी मात्रा को लघु से दीर्घ करना पड़े, परंतु स्वर को बदलना ठीक नहीं होगा। स्मृति की मूल माफ हो सकती है, पर श्रुति की नहीं। राग तो श्रुति है। किसी ने सोचा भी नहीं था कि गांधीजी की संगीत और स्वरों के बारे में इतनी गहरी जानकारी है। उनकी बातें सुनकर सभी आश्चर्यचकित रह गये।

सुधार जरूरी

गांधीजी बचपन से ही बहुत शर्मीले लेकिन अनुशासित विद्यार्थी थे। सुबह घर से विद्यालय और विद्यालय से सीधा घर पहुंचते। एक बार गांधीजी के विद्यालय में एक अंग्रेज अफसर इंस्पेक्शन के लिए आए। उन्होंने कक्षा के सभी विद्यार्थियों को पांच शब्द लिखने को कहे। वे उन शब्दों को बोल रहे थे, विद्यार्थी लिखते जा रहे थे। उस समय कक्षा में उनके अध्यापक भी मौजूद थे।

गांधीजी ने एक शब्द की वर्तनी गलत लिख दी। गांधीजी के अध्यापक की नजर उनकी कॉपी पर पड़ी। उन्होंने गांधीजी को इशारे में बताने का प्रयास किया कि उन्होंने गलत लिखा है। गांधीजी समझ गए कि उन्होंने गलत लिखा है। फिर अध्यापक ने उन्हें संकेत के माध्यम से शब्द ठीक करने को कहा। लेकिन गांधीजी ने अध्यापक के इशारे की ओर ध्यान ही नहीं दिया। जो लिखा था उसे वैसे ही रहने दिया। जब सभी विद्यार्थियों की कॉपी चेक की गई तो गांधीजी को छोड़कर सभी विद्यार्थियों के पांचों शब्द सही थे और गांधीजी के पांच में से चार शब्दों की वर्तनी सही थी। गांधीजी नकल की बजाए सुधार में यकीन रखते थे।

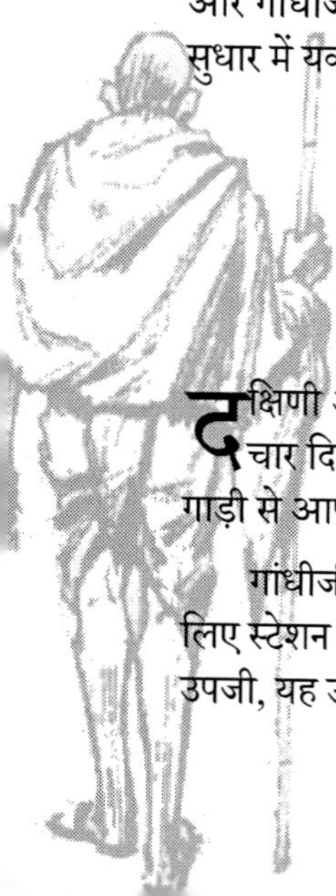

अतिथि सद्भावना

दक्षिणी अफ्रीका में गांधी जी ने किसी प्रसंग में चौदह दिन का जल उपवास किया। चार दिन बीतने पर उनके एक जर्मन साथी केलन बेक का तार मिला कि मैं अमुक गाड़ी से आपकी देखभाल के लिए आ रहा हूं।

गांधीजी उपवास के पांचवें दिन अपने साथियों सहित तीन मील चलकर स्वागत के लिए स्टेशन पहुंचे। और उन्होंने कहा, 'आपकी सद्भावना के लिए मेरे मन में जो कृतज्ञता उपजी, यह उसी की परिणति है, जो मुझे ताकत भी दे सकी और यहां तक खींच लाई।'

श्रम का मूल्य

बापू के पैरों की बिवाई फट गई थी। "बा" गरम पानी से उसे धो रहीं थी। पानी बेकार न जाने पाए, इसलिए बापू की हिदायत के अनुसार उसे इधर-उधर नहीं, पौधों में ही डालती थीं।

पैरों को धोने के बाद, "बा" ने उसदिन पानी गुलाब के पौधों में डाला।

बापू बहुत देर तक गुलाबों को नकारात्मक दृष्टि से देखते रहे। 'बा' ने कारण पूछा , तो बापू ने कहा, "सुन्दर होते हुए भी यह फूल मुझे कांटों जैसे ही लगते हैं। इनके स्थान पर यदि साग-सब्जी उगाई होती तो उससे किसी का पेट तो पलता। श्रम का कुछ सार्थक परिणाम तो हाथ आता।

चोर और गांधी जी

साबरमती आश्रम की बात है। एक दिन रात को एक चोर आ गया। चोर नासमझ था, नहीं तो आश्रम में चुराने के लिए भला क्या था।

संयोग से कोई आश्रमवासी जग गया। उसने धीरे से कुछ और लोगों को जगा दिया। सबने मिलकर चोर को पकड़ लिया और कोठरी में बन्द कर दिया।

व्यवस्थापक ने सुबह यह खबर बापू को दी और चोर को उनके सामने पेश किया। बापू ने निगाह उठाकर उसकी ओर देखा। वह नौजवान सिर झुकाए आतंकित खड़ा था कि बापू उससे नाराज हैं और हो सकता है कि उसे पुलिस को सौंप दें।

बापू ने जो किया, उसकी तो उसने स्वप्न में भी कल्पना नहीं की होगी।

बापू ने उससे पूछा, "क्यों तुमने नाशता किया ?"

कोई उत्तार न मिलने पर उन्होंने व्यवस्थापक की ओर प्रश्नभरी मुद्रा में देखा। व्यवस्थापक ने कहा, "बापू"! यह चोर है, नाशते का सवाल ही कहां उठता है।"

बापू का चेहरा गंभीर हो गया। दु:ख भरे स्वर में बोले, "क्यों क्या यह इन्सान नहीं है? इसे ले जाओ और नाशता कराओ।"

व्यवस्थापक, जिसे चोर मानकर लाए थे, अब वह एक क्षाण में इन्सान बन गया था। उसकी आंखों से प्रायश्चित के आंसू बह रहे थे।

करुणा ने बुद्ध को बुद्ध बनाया। प्रेम ने महाबीर को महाबीर बनाया। किंतु करुणा और प्रेम ने गांधी को बापू बना दिया।

कुष्ठ रोगी के प्रति सद्भावना

एक बार गांधी जी कहीं पदयात्रा पर जा रहे थे। उनके साथ बहुत से मनुष्य चल रहे थे। उन्हीं में एक कुष्ठरोगी भी था, जिसे देखकर लोग मुंह बना रहे थे। अत: वह बेचारा संकोच के मारे एकदम पीछे चल रहा था।

सब लोग तो बहुत तेजी से चल रहे थे, अत: गांधीजी के साथ सभी लोग आगे निकल गए पर कुष्ठ रोगी घाव के कारण अधिक नहीं चल सका और रास्ते में ही घाव से व्याकुल होकर बैठ गया। किसी ने उसकी ओर ध्यान भी नहीं दिया और न ही गांधी जी से इस सम्बन्ध में कुछ कहा। परन्तु इतनी भीड़ के बावजूद बापू का ध्यान उस कुष्ठ रोगी की ओर था।

थोड़ी दूर जाने पर जब उन्होंने पीछे मुड़कर देखा तो उन्हें वह नहीं दिखाई पड़ा। अत: अन्य लोगों से आगे बढ़ने के लिए कह कर वे पीछे लौट पड़े। थोड़ा पीछे जाने पर उन्हें एक पेड़ के नीचे पीड़ा से कराहता वह रोगी दिखा। गांधी जी तुरन्त उसके पास गए और बोले, भाई मुझे माफ करना। तेज चलने के कारण मैंने तुम्हारे कष्ट की ओर ध्यान नहीं दिया, लेकिन कम से कम तुम तो मुझे आवाज देकर रोक लेते ताकि मैं तुम्हारे साथ धीरे-धीरे चलता।

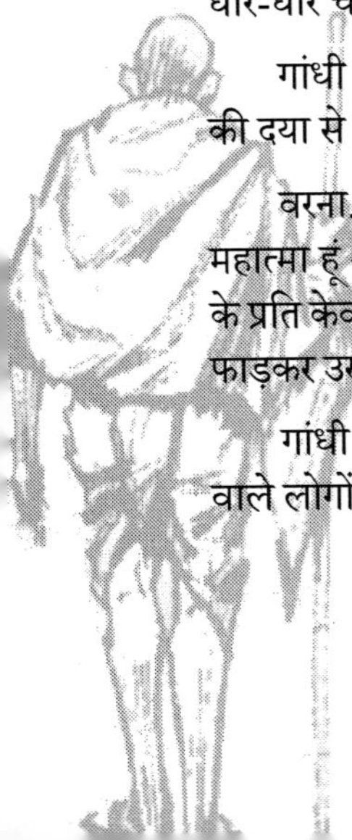

गांधी जी की बात सुनकर वह भाव-विहवल होकर रोने लगा। आप जैसे महात्मा की दया से ही तो हम पापी भी समाज में स्थान पा सके हैं।

वरना.... गांधी जी ने उसे आगे बोलने नहीं दिया और कहा, नहीं भाई! न मैं कोई महात्मा हूं और न तुम्हारे ऊपर दया ही कर रहा हूं बल्कि इंसान होने के नातेएक इन्सान के प्रति केवल अपने कर्तव्य का पालन कर रहा हूं। ऐसा कहकर गांधी जी ने अपनी धोती फाड़कर उसके घाव पर पट्टी बांध दी और फिर उसे सहारा देकर पदयात्रा पर निकल पड़े।

गांधी जी के कुष्ठ रोगी के प्रति ऐसी सद्भावना देख अपनी ही धुन में आगे बढ़ जाने वाले लोगों की गर्दन शर्म से झुक गई।

महात्मा बनने के गुण

गांधी जी के आश्रम में सफाई व्यवस्था के काम हर आदमी को करना आवश्यक था। एक बार समाज सेवा के प्रति समर्पित बालक उनके आश्रम में आकर रहने लगा। सफाई और व्यवस्था के काम उसे भी दिए गए। उन्हें वह लगन के साथ करता भी रहा। जो उससे कहा गया, उसे उसने जीवन का अंग बना लिया।

जब आश्रम में रहने का समय पूरा हुआ तो गांधी जी से उसने भेंट की और कहा, "बापू, मैं महात्मा बनने के गुण सीखने आया था, पर यहां तो सफाई व्यवस्था के साधारण काम ही करने को मिले। महात्मा बनने के लिए न तो कोई बात बताई गई और न उनका अभ्यास ही कराया गया।"

बापू ने सिर पर हाथ फेरा, समझाया और कहा, "बेटे, तुम्हें यहां जो संस्कार मिले हैं, वे सब महात्मा बनने के लिए हैं। जिस लगन से सफाई तथा छोटी-छोटी बातों में व्यवस्था से जुड़कर बुद्धि मनुष्य को महामानव बनाती है।"

गांधी जी ने इसी प्रकार छोटे-छोटे सदगुणों के महत्व को समझाते हुए अनेकों लोक सेवकों के जीवन का सही व सकारात्मक दिशा दी, उन्हें अहंकार से रहित सहज सेवक के रूप में विकसित किया।

गांधी जी की शालीनता

यह घटना 1945 ई. की है। जब भारत अंग्रेजों का गुलाम था। गांधी जी बंगाल के गवर्नर के.सी. साहब से मिलने गए। जब गांधी जी बात करने के बाद अपने निवास पर जाने के लिए चले तब गवर्नर साहब बापू को पहुंचाने राजभवन में नीचे तक आए और उनको कार तक पहुंचाया। ऐसा पहले कभी नहीं हुआ था। उस समय गवर्नर का पद और गरिमा बहुत अधिक थी और यह अत्यन्त आश्चर्य की बात थी कि गवर्नर एक राजनैतिक विद्रोही को नीचे भेजने गए हों और उनका सम्मान किया हो। इसका कारण यह था कि गांधी जी जिससे भी मिलते थे उस पर उनकी शालीनता को अमिट प्रभाव पड़ता था फिर भला वह उनका सम्मान किए बगैर कैसे रह सकता है।

उस दिन गवर्नर साहब ने अद्भुत दृश्य देखा। उनकी कोठी के सभी सेवक जो लगभग दो सौ थे, सभी नीचे हाल में हाथ जोड़े गांधी जी के दर्शन के लिए खड़े थे। उन सभी के कपड़े भी ठीक नहीं थे। वे इस तरह की वेशभूषा में लाट साहब के सामने जाने की हिम्मत

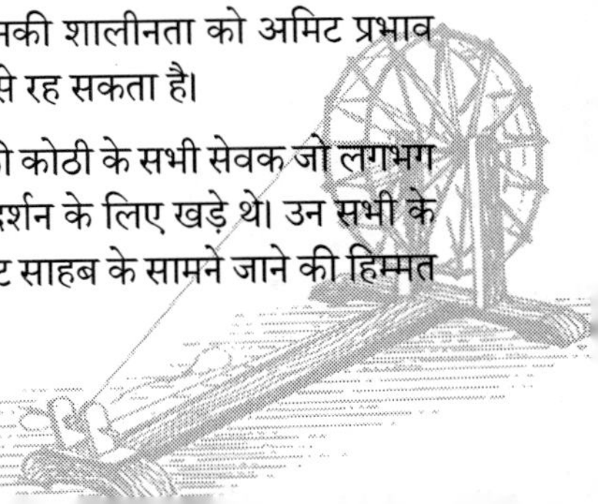

नहीं कर सकते थे। किन्तु उन्होंने कभी यह सोचा भी न था कि गवर्नर साहब गांधी जी के साथ नीचे आ जाएंगे। जब इन लोगों ने गांधी जी को गर्वनर साहब के साथ देखा तो वे सभी घबरा से गए। गवर्नर साहब को भी उन्हें देखकर बड़ी हैरानी हुई।

उन्होंने राजभवन के सेवकों की ओर हाथ उठाकर कहा, "मिस्टर गांधी, यह देखिए। मैं आपको विश्वास दिलाना चाहता हूं कि मैंने इन लोगों को यहां इकटठा होने के लिए नहीं कहा। उन सेवकों में हिन्दू और मुसलमान दोनों ही थे।

गवर्नर साहब को इस बात पर आश्चर्य हुआ कि मुसलमान भी गांधी जी को इतना सम्मान देते थे।

बालक का दान

यह घटना उस समय की है जब बापू जबलपुर में एक बड़ी सभा में छुआ-छूत निवारण के लिए और अछूत भाईयों को स्नेह के साथ अपनाने हेतु भाषण देने गए थे।

भाषण समाप्त होने के बाद चन्दा मांगने की बात आई। सभा में आए लोग दिल खोलकर, रुपया-पैसा और गहने-जेवर दान करने लगे।

इसी समय एक हरिजन बालक डरते-डरते मंच पर चढ़ा। वह बापू के एक सहयोगी एवं साथी के पास गया।

बापू के साथी ने पूछा,"बेटे क्या चाहते हो?"

बालक बोला, "मैं भी बापू को कुछ भेंट देना चाहता हूं।"

बापू के साथी ने मुस्कराते हुए पूछा, "भइया, तुम क्या भेंट लाए हो?"

बालक ने जेब से शीशे की एक गोली निकाली और बापू के साथी की ओर बढ़ा दी।

बापू ने कांच की गोली लेकर उसे उलट-पलट कर देखा, इसके बाद जोर से हंस पड़े।

बालक सहम गया। कहीं बापू ने गोली लेने पर बुरा तो नहीं माना। पर उसके पास देने के लिए इसके अलावा कुछ भी नहीं था।

यह गोली उसके लिए अत्यन्त प्रिय वस्तु थी।

लड़के ने डरते हुए बापू की ओर देखा। धीमी और सहमी आवाज में कहा, "मेरे पास पैसे नहीं हैं।"

बापू ने प्यार से उसकी पीठ थपथपाई और कहा, "पैसे नहीं हैं तो क्या हुआ। यह गोली पैसे से कम नहीं है।

बालक का चेहरा खुशी से खिल उठा। वह बापू को प्रणाम करने के बाद मंच से नीचे उतर कर प्रसन्नता से उछलता कूदता चला गया।

अंग्रेज का पत्र और आलपिन

एक अंग्रेज ने महात्मा गांधी को पत्र लिखा। उसमें गालियों के अतिरिक्त कुछ था नहीं। गांधीजी ने पत्र पढ़ा और उसे रद्दी की टोकरी में डाल दिया। उसमें जो आलपिन लगा हुआ था उसे निकालकर सुरक्षित रख लिया।

वह अंग्रेज गांधी जी से मिलने के लिए आया।

आते ही उसने पूछा- महात्मा जी! आपने मेरा पत्र पढ़ा या नहीं?

महात्मा जी बोले- बड़े ध्यान से पढ़ा है।

उसने फिर पूछा- क्या सार निकाला आपने?

महात्मा जी ने कहा- एक आलपिन निकाला है। बस, उस पत्र में इतना ही सार था। जो सार था, उसे ले लिया। जो असार था, उसे फेंक दिया।

समय का महत्व

दांडी यात्रा के समय बापू एक स्थान पर शंभर के लिए रुके। जब वह चलने को हुए तो उनका एक अंग्रेज प्रशंसक उनसे मिलने आया और बोला, 'हेल्लो मेरा नाम वाकर है।'

चूंकि बापू उस समय जल्दी में थे, इसलिए चलते हुए ही विनयपूर्वक बोले, 'मैं भी तो वाकर हूं। इतना कहकर वह जल्दी-जल्दी चलने लगे।'

तभी एक सज्जन ने पूछा, 'बापू यदि आप उससे मिल लेते तो आपकी प्रसिद्धि होती और अंग्रेजी समाचार-पत्रों में आपका नाम सम्मानपूर्वक प्रकाशित होता।'

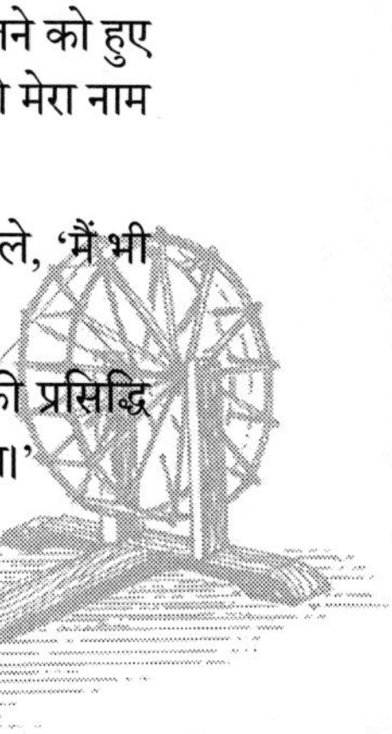

बापू बोले मेरे लिए सम्मान से अधिक समय कीमती है।

कर्म बोओ, आदत काटो

गांधीजी एक छोटे से गांव में पहुंचे तो उनके दर्शनों के लिए लोगों की भीड़ उमड़ पड़ी। गांधीजी ने लोगों से पूछा, इन दिनों आप कौन सा अन्न बो रहे हैं और किस अन्न की कटाई कर रहे हैं ?'

भीड़ में से एक वृद्ध व्यक्ति आगे आया और करबद्ध होकर बोला, 'आप तो बड़े ज्ञानी हैं। क्या आप इतना भी नहीं जानते की ज्येष्ठ (जेठ) के महीने में खेतों में कोई फसल नहीं होती । इन दिनों हम खाली रहते हैं।|

गांधीजी ने पूछा, जब फसल बोने व काटने का समय होता है, तब क्या बिलकुल भी समय नहीं होता ?'

वृद्ध बोला, 'उस समय तो रोटी खाने का भी समय नहीं होता।'

गांधीजी बोले, 'तो इस समय तुम बिलकुल निठल्ले हो और सिर्फ गप्पें हांक रहे हो।| यदि तुम चाहो तो इस समय भी कुछ बो और काट सकते हो।'

गांव वाले बोले, 'कृपा करके आप ही बता दीजिये की हमें क्या बोना और क्या काटना चाहिए ?'

गांधीजी गंभीरतापूर्वक बोले, आप लोग कर्म बोइए और आदत को काटिए, आदत को बोइए और चरित्र को काटिए। चरित्र को बोइए और भाग्य को काटिए।| तभी तुम्हारा जीवन सार्थक हो पायेगा।

झूठ मत बोलो

यह घटना उस समय की है जब बापू स्कूल जाया करते थे। गांधी जी के बड़े भाई कर्ज में फंस गये थे। अपने भाई को कर्ज से मुक्त कराने के लिए गांधी जी ने अपना सोने का कड़ा बेच दिया और उसके पैसे अपने भाई को दे दिए। मार-खाने के डर से गांधी जी ने अपने माता-पिता से झूठ बोला कि कड़ा कही गिर गया है। किन्तु झूठ बोलने के

कारण गांधी जी का मन स्थिर नहीं हो पा रहा था। उन्हें अपनी गलती का अहसास हो रहा था और उनकी आत्मा उन्हें बार-बार यह बोल रही थी की झूठ नहीं बोलना चाहिए।

गांधी जी ने अपना अपराध स्वीकार किया और उन्होंने सारी बात एक कागज में लिखकर पिताजी को बता दी। गांधी जी ने सोचा की जब पिता जी को मेरे इस अपराध की जानकारी होगी तो वह उन्हें बहुत पीटेंगे। लेकिन पिता ने ऐसा कुछ भी नहीं किया। वह बैठ गये और उनके आंखों से आंसू आ गये।

गांधी जी को इस बात से बहुत चोट लगी। उन्होंने महसूस किया की प्यार हिंसा से ज्यादा असरदार दंड दे सकता है।

सब इंसान हैं

यह बात उन दिनों की है जब महात्मा गांधी जी के पिता जी का तबादला पोरबंदर से राजकोट हो गया था। जहां गांधी जी रहते थे वही उनके पड़ोस में एक सफाईकर्मी भी रहता था।

गांधी जी उसे बहुत पसंद करते थे। एक बार किसी समारोह के मौके पर गांधी जी को मिठाई बांटने का काम सौंपा गया। गांधी जी सबसे पहले मिठाई पड़ोस में रहने वाले सफाईकर्मी को देने लगे।

जैसे ही गांधी जी ने उसे मिठाई दी वह गांधी जी से दूर हटते हुए बोला कि, "मैं अछूत हूं इसलिए मुझे मत छुएं।"

गांधी जी को यह बात बुरी लगी और उन्होंने उस सफाई वाले का हाथ पकड़कर मिठाई पकड़ा दी और उससे बोले कि, "हम सब इंसान हैं, छूत-अछूत कुछ भी नहीं होता।"

गांधी जी बात सुनकर सफाईकर्मी के आंसू निकल गये।

व्यर्थ का खर्च

गांधीजी भोजन के साथ शहद का भी नियम पूर्वक सेवन करते थे। एक बार उन्हें लंदन के दौरे पर जाना पड़ा। मीरा बहन भी साथ जाया करती थीं, इत्तफाक से लंदन दौरे के समय वह शहद की शीशी ले जाना भूल गई।

मीरा बहन ने शहद की नई शीशी वहीं से खरीद ली। जब गांधीजी भोजन करने बैठे तो नई शीशी देख कर मीरा बहन पर बिगड़ गए और बोले, 'तुमने यह नई शीशी क्यों मंगवाई' ?

मीरा बहन ने डरते हुए कहा, 'बापू में शहद की वह शीशी लाना भूल गई थी।' बापू बोले, यदि एक दिन में भोजन न करता तो क्या मर जाता ? तुम्हें पता होना चाहिए की हम लोग जनता के पैसे से जीवन चलाते हैं और जनता का एक-एक पैसा बहुमूल्य होता हैं । वह पैसा फिजूल खर्च नहीं करना चाहिए।'

गांधी जी का हास्य-बोध

एक बार की बात है, गांधीजी एक सभा में भाषण दे रहे थे। तभी कुछ लोग जो पीछे बैठे थे, जोर-जोर से चीखने लगे, हमें आपका भाषण सुनाई नहीं पड़ रहा।

इस पर गांधीजी मुस्कराकर बोले, 'जो लोग मेरी आवाज़ नहीं सुन पा रहे हैं, वे अपना हाथ ऊपर कर लें।' तभी पीछे बैठे कुछ लोगों ने अपने हाथ ऊपर कर लिए।

गांधीजी कुछ देर तक मौन हो उन्हें देखते रहे। फिर उनकी मूर्खता पर मुस्कराते हुए बोले, 'जब आप लोगों को मेरा भाषण सुनाई नहीं दे रहा है, तो मेरी यह आवाज़ कैसे सुन ली।'

गांधीजी की बात सुनकर सभी श्रोता शांत हो गए और चुपचाप उनका भाषण सुनने लगे।

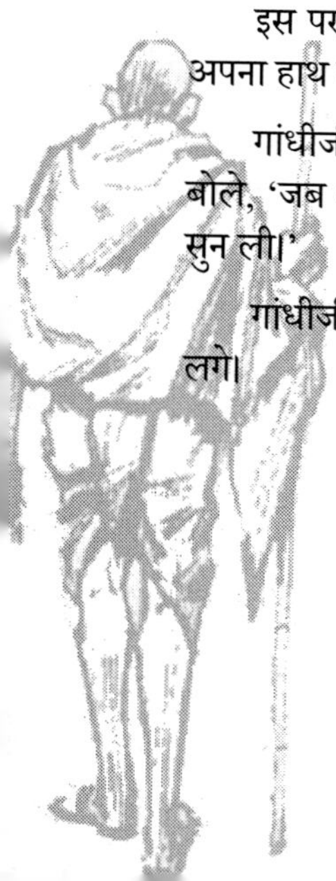

दोष का परिमार्जन

बात 1926 की है। गांधी जी उन दिनों साबरमती आश्रम में रहा करते थे। दीनबंधु सी.एफ़. एण्ड्रूज़ भी उन दिनों वहीं थे। दीनबन्धु दया के सागर थे, दूसरों का दु:ख देख वे द्रवित हो जाते थे।

एक दिन मालाबार की ओर से कांग्रेस कमेटी का मंत्री गांधी जी के पास आया। उसने सार्वजनिक कोष का बहुत-सा धन लोकसेवा में ख़र्च किया था। लेकिन हिसाब-किताब में वह कच्चा था। सारा जमा-ख़र्च वह ठीक से पेश न कर पाया। हज़ार रुपये की बात थी। स्थानीय कार्यकारिणी का निर्णय था, "जमा-ख़र्च पेश करो या फिर पैसे भरो।"

उसने कहा, "इतने पैसे कहां से दूं?"

सदस्य ने कहा, "हम क्या बताएं? सार्वजनिक काम का हिसाब-किताब ठीक से रखना चाहिए था।"

उसने कहा, "बापू के पास जाता हूं। वे कह दें, तब तो मानोगे?"

सदस्य ने कहा, "हां मान लेंगे।"

वह मंत्री गांधी जी के पास पहुंचा। उनको उसने सारी बातें बताकर बोला, "बापू! मैं स्कूल की नौकरी छोड़कर सार्वजनिक सेवा के लिए अपने आपको समर्पित कर चुका हूं। मैंने एक भी पैसा अपने काम में नहीं लगाया है।"

गांधी जी ने कहा, "तुम जो कह रहे हो वह सच हो सकता है। लेकिन तुम्हें पैसे भरने चाहिए। सार्वजनिक काम में व्यवस्थितता बहुत ज़रूरी है।"

मंत्री बोला, "मुझसे भूल हो गई। इसका मेरे मन में पश्चाताप है। ग़लती तो हो गई, लेकिन अब क्या हो?"

गांधी जी बोले, "पैसा भरना ही एक मात्र उपाय है।"

वह युवक रोने लगा। पास ही दीनबन्धु खड़े थे। वे दु:खी होकर बोले, "बापू! यह आदमी पश्चाताप कर रहा है। आप उससे इतनी कठोरता से क्यों बोलते हैं।"

गांधी जी ने कहा, "पश्चाताप केवल मन में होने से क्या लाभ? दोष का परिमार्जन हो, तो ही कहा जा सकेगा कि वास्तविक पश्चाताप हुआ। यह कुछ नहीं। इस युवक को अपनी भूल सुधारनी चाहिए। जनसेवक है यह।"

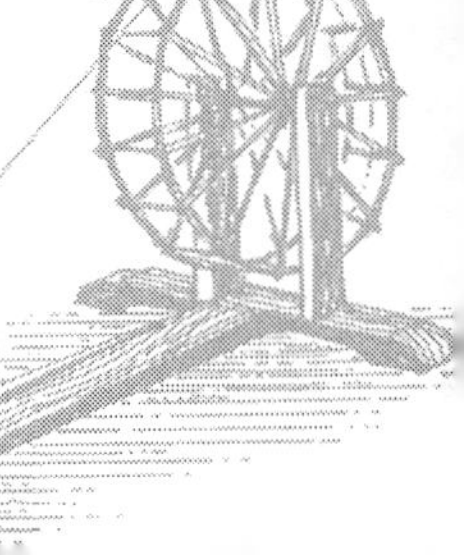

अनोखे सभापति

बात उन दिनों की है, जब बापू अफ्रीका में सत्याग्रह कर रहे थे। उस दौरान उन्हें जरूरी काम से लंदन जाना पड़ा। लंदन में भारत के बहुत से नवयुवक पढ़ते थे। उन युवकों ने एक सभा करने का विचार किया। सभा का कार्यक्रम बड़ा ही सादा था-'पहले भोज, फिर भाषण।' और तो सब ठीक हो गया था, पर सभा के लिए युवकों को कोई सभापति नहीं मिला। आखिर में गांधी जी तैयार हो गए, लेकिन इस शर्त के साथ कि भोजन में मांस नहीं होगा।

युवकों ने बात मान ली। सब जरूरी सामान खरीदे गए। सब अपने-अपने निर्धारित कार्यों में व्यस्त हो गए। किसी ने बिछावना संभाला तो किसी ने हाल की सजावट का काम किया। एक ने बरतन-बासन ठीक-ठाक किए, तो दूसरे ने चूल्हा संभाला। कुछ रोशनी-बत्ती के प्रबंध में लगे थे, तो कुछ पानी जमा कर रहे थे। कोई सब्जी काटने लगा, तो कोई पकवान बनाने में जुट गया।

उन्हीं के बीच एक दुबला-पतला युवक भी था। अपने आप उसने थालियां मांजने और फर्श को साफ करने का काम संभाल लिया था। कई घंटे बीते, पर वह अपने काम में मस्त था। सुबह से दोपहर हुई, और फिर दोपहर बाद शाम भी आ गई। आखिर उस सभा के उप प्रधान वहां आए। सहसा उनकी दृष्टि उस दुबले-पतले युवक पर पड़ी। वे तो जैसे आंखें फाड़कर उन्हें देखते रह गए।

उन्होंने दांतों तले अंगुली दबा ली और धीरे से कहा, 'गांधी जी!' गांधी जी शब्द उच्चारित हुआ कि जैसे वह हॉल हिल उठा। सारे युवक दंग रह गए। उनका दिल भर आया। उन्होंने हाथ जोड़कर गांधी जी को काम करने से रोका।

लेकिन वे उसी तरह काम में लगे रहे। उन्होंने खाना परोसा, थालियां लगाई, सबके साथ भोजन किया, कराया और फिर सभापति बनकर भाषण भी दिया। सचमुच वे अनोखे सभापति थे! आजकल के सभापतियों से बिल्कुल भिन्न।

गांधी जी ने कृष्ण की मूर्ति नीलाम की

गांधी के जीवन का हर पल समाज-निर्माण एवं राष्ट्रीयता के लिए समर्पित होता था। एक दिन वे अस्पृश्यता निवारण के संबंध में उड़ीसा में पैदल यात्रा कर रहे थे। शाम के समय पड़ाव पर पहुंच कर उनकी पदयात्रा प्रार्थना-सभा में परिवर्तित हो जाती।

सभा में उपस्थित लोग उन्हें कुछ न कुछ भेंट भी दिया करते थे। कभी यह भेंट नकद होती तो कभी वस्तु के रूप में।

प्रार्थना-प्रवचन के बाद गांधीजी उन वस्तुओं को नीलाम कर देते थे। प्राप्त राशि का उपयोग गांधीजी के कार्यक्रमों में होता था। उस दिन की प्रार्थना सभा कटक में थी। सदा की भांति लोगों ने बहुत सी वस्तुएं भेंट में दी। गांधीजी उन्हें नीलाम करने लगे। एक कुम्हार ने बाल-गोपाल (कृष्ण) की एक छोटी-सी मूर्ति भेंट में दी। भेंट में प्राप्त वस्तुओं की नीलामी के बीच बेचारे कृष्ण की भी बारी आ गई। गांधीजी ने उस मूर्ति को उठाया और बोले, 'अब तुम्हारी बारी है।' कलकत्ता के उद्योगपति भागीरथ कानोड़िया उस सभा में उपस्थित थे। वे हंसकर बोल उठे, 'बापू आपने तो कृष्ण को भी नीलामी पर चढ़ाने से नहीं बख्शा।'

गांधीजी खूब हंसे, फिर बोले, 'तुम जानते नहीं, यह तो सदा ही नीलाम होता रहा है। कोई नीलाम करनेवाला और खरीदनेवाला होना चाहिए।' पर कानोड़िया को विश्वास नहीं हुआ। गांधीजी ने कहा, 'क्या तुमने मेरा वह पद नहीं सुना- माई मैंने गोविंद लीनो मोल, कोई कहे सस्ता, कोई कहे महंगा, लीनो तराजू तोल।' उस दिन सबसे अधिक कीमत उस मूर्ति की मिली।

गांधीवाद की हद

देश के बंटवारे के समय हर तरफ दंगा-फसाद फैला हुआ था। दो धर्मों के बीच बंटी धरती ने सबसे ज्यादा उन दिलों को चकनाचूर किया जो एक साथ रहना चाहते थे। जिनके दिलों में आजादी की तमाम उमंगे थीं, मगर बंटवारे ने सब कुछ शोक में बदल दिया। पूरा देश जैसे चीख-पुकार और कोलाहल में डूबा था, मगर पूरे देश में एक कमरा था जहां सबसे ज्यादा शांति थी। जहां सभी धर्म के लोग एक साथ बैठकर एक दूसरे को सहारा दे रहे थे। जहां बाहर होते खून-खराबे की खबरें तो आती थीं, मगर अंदर कोई किसी पर न चीखता न चिल्लाता। वह कमरा महात्मा गांधी का था। एक रोज उसी कमरे में कांग्रेस के एक कार्यकर्ता महात्मा गांधी को बता रहे थे कि दंगे में कितनी जानें गईं।

वह सही गिनती तो नहीं बता सके, लेकिन अंदाजन कुछ बोले कि गांधी जी ने उनसे पूछा, 'जब खून-खराबा हो रहा था, तब आप क्या कर रहे थे?' उन्होंने कहा- 'बापू, हम सब कांग्रेस के कार्यकर्ता उनसे मजबूती से निपटे। दंगे रोकने में हम सब दिन-रात लगे रहे।' तब गांधी जी ने पूछा- 'अच्छा, तो उसमें कितने कांग्रेस के कार्यकर्ता मारे गए?' यह सुनकर वहां बैठे सभी लोग सकपका गए। उस कार्यकर्ता ने कहा कि, 'बापू, हममें

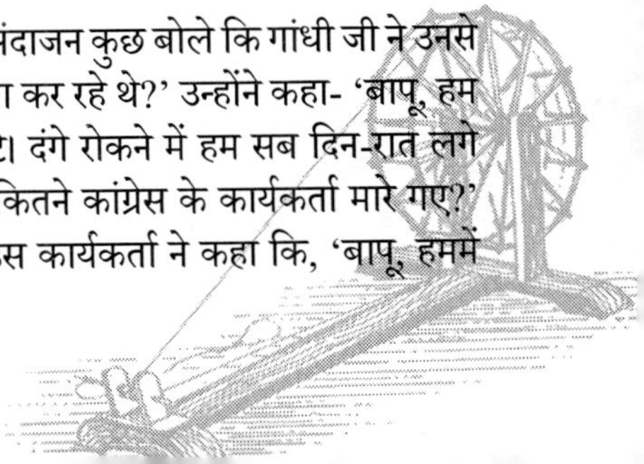

से कोई नहीं मारा गया।' तब बापू बोले- 'तो तुम कैसे कह सकते हो कि दंगे रोकने की बड़ी कोशिश की? कोशिश करते हुए जब तुममें से कोई मारा नहीं गया, तो मैं कैसे मान लूं कि तुमने कोई कोशिश की थी?'

यह थी अमल की सबसे ऊंची मंजिल, जिस तक गांधी जी खुद तो जाना ही चाहते थे, अपने साथियों को भी ले जाना चाहते थे। बुराई, नफरत, दंगों को खत्म करने के लिए अपनी मौत की हद तक जाना ही तो गांधी जी दिखाना चाहते थे।

अनुशासन का पालन

एक बार महात्मा गांधी और खान अब्दुल गफ्फार खान एक साथ एक ही जेल में थे। खान साहब और गांधी जी की दोस्ती आध्यात्मिक स्तर की थी। जेल में गांधी जी वहां के अनुशासन को अच्छी तरह मानते थे। वह जब कभी जेल में होते तो वहां के नियम-कायदे को भली-भांति जानकर उसका पालन करते थे। खान साहब को यह बात कुछ अखरती थी।

जब कभी जेल अधीक्षक या उसके समकक्ष का कोई अधिकारी आता तो गांधी जी उठकर खड़े हो जाते और उनसे बातें करते थे। खान साहब को यह ठीक नहीं लगता, मगर करते क्या। एक दिन गांधी जी से उन्होंने मुस्कराते हुए बोल ही दिया कि हमें पता है कि आप अंग्रेज अधिकारियों के आने पर उठकर क्यों बात करते हैं। गांधी जी ने पूछा- क्यों भाई? वह बोले यही कि ये अधिकारी हमें और दूसरे कैदियों को सिर्फ अंग्रेजी या हिंदी का अखबार देते हैं और आपको गुजराती समेत कई जबानों की पत्रिकाएं और अखबार देते हैं। गांधी जी मुस्करा दिए। अगली सुबह फिर उनके सामने कई अखबार आए। गांधी जी ने सिर्फ अंग्रेजी और हिंदी का अखबार उठाया बाकी के लिए मना कर दिया। यह सिलसिला महीना भर चला। अंग्रेज अधिकारी फिर आया और गांधी जी उससे वैसे ही खड़े होकर बात करते रहे। तब खान साहब को लगा कि उन्होंने गलत कह दिया।

अब खान साहब भी किसी अंग्रेज अधिकारी के आने पर उससे खड़े होकर बात करने लगे। एक दिन गांधी जी ने कहा, 'हमें पता था, आपके व्यवहार में भी वह आ जाएगा जो हम सोचते हैं, इसलिए उस दिन कहना ठीक नहीं लगा। आप अहिंसा में हमसे बहुत आगे निकल चुके हैं। हो सके तो जहां रहिए वहां के अनुशासन को मानिए ताकि दूसरों को तकलीफ न हो। उनको हम अपने मूल व्यवहार से ही सही रास्ते पर ला पाएंगे। बदला लेकर या दुत्कार कर नहीं।'

संस्कार की बात

एक बार गांधीजी के पौत्र कांतिभाई सेवाग्राम में आश्रमवासी होने आए। कांतिभाई ने गांधीजी से निवेदन किया, 'बापू, दो धोतियों से काम नहीं चलेगा, कम से कम एक धोती तो मुझे और दी जाए।'

गांधी जी ने कहा, 'दो धोतियों में तो मेरा और सभी आश्रमवासियों का अच्छी तरह काम चल जाता है, तुम्हें तीसरी धोती की जरूरत क्यों? यहां हम सब काफी सादगी और मितव्ययता से रहते हैं।'

कांतिभाई ने गांधीजी को आश्वस्त करना चाहा कि प्रवास आदि के लिए एक धोती साथ में अतिरिक्त रखी जाए, तो ठीक रहेगा। परंतु गांधीजी को यह तर्क समझ में नहीं आया और उन्होंने कांति भाई से दो टूक कह दिया कि 'यह देश का काम है। जनता को पाई-पाई का हिसाब देना होता है। हम स्वतंत्रता की लड़ाई लड़ रहे हैं तो उसका अर्थ यह नहीं कि हम उस धन को चाहे जैसे खर्च करें। यह सोचना गलत होगा कि हमें कोई पूछने वाला नहीं। हमें जनता को जवाब देना चाहिए और मैं तो कहता हूं कि सुविधा का ख्याल करने वालों को सेवाग्राम से कोई संबंध रखना ही नहीं चाहिए। यहां रहना है तो संयम से ही रहना होगा।'

गांधीजी का यह व्यवहार देखकर वहां मौजूद एक पत्रकार ने गांधीजी से पूछा, 'बापू, एक धोती की ही तो बात है। इस छोटी सी बात पर इतना जोर क्यों दे रहे हैं?'

गांधीजी ने तब उन सज्जन को कहा, 'इसे छोटी-सी बात मत समझो! यह संस्कारों की बात है। संग्रह की भावना इसी से उपजती है और समाज में विषमता पैदा करती है। हम कहते हैं कि हमारा काम गरीबों की सेवा करना है तो उसका अर्थ है कि जनता से हम अपनी जरूरत के लिए अल्प से अल्प प्राप्त करें और बदले में अधिक से अधिक दें, तब तो हुई सेवा।' इतना कह कर गांधी जी चुप हो गए। कांति भाई को सेवाग्राम में तीसरी धोती नहीं मिली, पर संदेश उन तक पहुंच चुका था।

चालीस करोड़ कुर्ते चाहिए

एक बार गांधी जी एक स्कूल के किसी कार्यक्रम में गए थे। महात्मा तो बड़े ही विनोदी स्वभाव के थे। छात्रों के साथ हंसी-मज़ाक़ चल रहा था। एक लड़के ने प्रश्न किया,

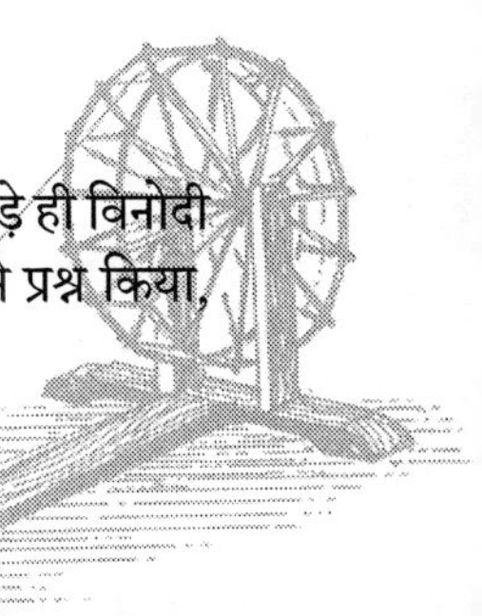

"आपने कुर्ता क्यों नहीं पहना है? मैं अपनी मां से कहूं क्या? वह कुर्ता सी देगी। आप पहनेंगे न? मेरी मां के हाथ का सिला कुर्ता आप पहनेंगे?"

बापू ने कहा, "ज़रूर पहनेंगे। लेकिन एक शर्त है बेटा! मैं कोई अकेला नहीं हूं।"

बच्चे को उत्सुकता हुई, पूछा, "तब और कितने चाहिए? मां दो सी देगी।"

बापू ने जवाब दिया, "बेटा, मेरे चालीस करोड़ भाई-बहन हैं। चालीस करोड़ लोगों के बदन पर कपड़ा आएगा, तब मेरे लिए भी कुर्ता चलेगा। तुम्हारी मां चालीस करोड़ कुर्ते सी देंगी?"

बापू ने बच्चे की पीठ प्यार से थपथपाई और वहां से चल दिए। विद्यालय के गुरु और छात्र अपनी आंखों के सामने राष्ट्र के दरिद्रनारायण को देखकर स्तम्भित रह गए।

अनोखा प्रायश्चित

नागपुर के पास अस्पृश्यता-निवारण संबंधी दौरा हो रहा था। एक दिन की बात है। बापू का हाथ पोछने वाला रूमाल पिछले पड़ाव पर काम-धाम की अफरा-तफ़री, भीड़-भाड़ में कहीं छूट गया। शायद सूखने के लिए फैलाया गया था, वहीं रह गया। बापू को रूमाल की जब ज़रूरत पड़ी, तो उन्होंने महादेवभाई देसाई से मांगा।

महादेवभाई ने कहा, "खोज लाता हूं।"

उन्होंने बहुत खोजा। रूमाल नहीं मिला। बड़ी दुविधा में थे महादेवभाई, बापू से कैसे कहा जाए कि रूमाल नहीं मिला, कहीं खो गया। फिर भी कहना तो था ही। उन्होंने जाकर कहा, "बापू, रूमाल शायद पिछले पडाव पर छूट गया है। मिल नहीं रहा। मैं दूसरा ला देता हूं।"

बापू कुछ देर तक चुप रहे। कुछ सोचते रहे। फिर उन्होंने पूछा, "महादेव! वह कितने दिन तक चलता?"

महादेवभाई ने कहा, "चार महीने और चलता।"

बापू ने अपना निर्णय सुनाया, "तो फिर मैं चार महीने बिना रूमाल के ही चलाऊंगा। भूल का यह प्रायश्चित है। बाद में दूसरा रूमाल लेंगे।"

सेवामूर्ति बापू

वर्ष 1917 की बात है। किसानों का सत्याग्रह चल रहा था। गांधी जी के सत्याग्रह में सब भाग ले सकते थे। चंपारण में जो सत्याग्रह चल रहा था, उसमें कुष्ठरोग से पीड़ित एक खेतिहर मज़दूर भी शामिल था। वह पैरों में फटे कपड़े का चिथड़ा लपेट कर चलता था। उसके घाव से मवाद बहते रहते थे और पैर खूब सूजे हुए थे। उसे असहनीय दर्द होता था। लेकिन बापू का आह्वान और उसकी आत्मशक्ति ने उस महारोगी को सत्याग्रही बनने के लिए प्रेरित किया था।

एक दिन सत्याग्रही दिन-भर की यात्रा के बाद शाम के वक़्त आश्रम की तरफ़ लौट रहे थे। उस महारोगी के पैरों मे लिपटे चिथड़े रास्ते में गिर पड़े। उससे चला नहीं जा रहा था। उसके पैर के घावों से रिस-रिस कर ख़ून बहने लगे। जब इस तरह की यात्रा या मार्च होती थी तो गांधी जी सबसे आगे चलते थे। उस दिन भी वे आगे-आगे चल रहे थे। अन्य सत्याग्रही उनकी चाल से अपने क़दम मिलाते हुए चल रहे थे। सारे सत्याग्रही आगे बढ़ गए। गांधी जी बहुत तेज़ी से चलते थे। वह महारोगी पीछे छूट गया। उसका किसी को ध्यान ही न रहा।

सब आश्रम पहुंचे। शाम की प्रार्थना का वक़्त हो चला था। बापू के चारो ओर सारे सत्याग्रही बैठ गए। बापू को वह महारोगी न दिखा। उन्होंने उसके बारे में पूछताछ की। किसी ने बताया, "वह तेज़ी से चल नहीं सकता था। थक जाने के कारण एक पेड़ के नीचे बैठ गया था।"

बापू ने एक शब्द भी नहीं कहा। चुपचाप उसी क्षण उठे, हाथ में एक लालटेन उठाया और उस महारोगी को खोजने निकल पड़े। कुछ दूर चलने के बाद उन्हें राम नाम लेता एक सज्जन एक पेड़ के नीचे बैठा दिखा। नज़दीक पहुंचने पर पाया कि यह तो वही महारोगी है। उसकी दशा दयनीय थी। वह थका-हारा और परेशान दिख रहा था। लालटेन की रोशनी में जब उसने सामने बापू को देखा तो उसके चेहरे पर प्रसन्नता की लकीर खिंच गई। भरे गले से उसने पुकारा, "बापू!"

गांधी जी ने उससे कहा, "अरे, तुमसे चला नहीं जा रहा था, तो तुम्हें मुझसे कहना चाहिए था ना।" लालटेन की रोशनी में उसके पैरों पर बापू की नज़र गई। पैर ख़ून से सना था। साथ के दूसरे सत्याग्रही उस कुष्ठ-रोगी की ऐसी अवस्था देख कर पीछे हट गए। गांधी जी ने अपनी चादर फाड़कर उसके पैरों को लपेट दिया। उसको सहारा देकर धीरे-धीरे आश्रम में अपने कमरे में ले गए। उन्होंने उसके पैरों को ठीक से धोया। मलहम लगाया। पट्टी की। प्रेम से उसे अपने पास बिठाया। वहीं पर भजन शुरू हुआ। प्रार्थना भी हुई। वह

कुष्ठ-रोगी प्रेम-और भक्ति की सरिता में गोते लगाता हुआ तालियां बजा रहा था। उसकी आंखें भक्ति और सेवामूर्ति बापू के स्नेह से भरी हुई थीं।

नियमों का उल्लंघन

बापू बा के कमरे में थे। गुजराती में तेज़ आवाज़ में बातें कर रहे थे। आवाज़ की तल्ख़ी बता रही थी कि मामला कुछ गंभीर है। ऐसा लग रहा था कि वे बा के ऊपर कोई आरोप लगा रहे हों। उसी समय मीरा बहन उनसे मिलने वहां पहुंची थीं। उनकी समझ में गुजराती भाषा आती नहीं थी, इसलिए क्या माज़रा है, वो समझ नहीं पाईं।

अगले दिन प्रार्थना सभा में बापू ने जो कहा, वह सबके लिए आश्चर्य का विषय था। अमूमन वे सभा में लोगों के प्रश्न आमंत्रित करते थे, उस दिन ऐसा किए बिना वे बोलने लगे। "नवजीवन में लगातार छप रही मेरी आत्मकथा तो आप सब पढ़ ही रहे होंगे। इसमें आपने कई अध्यायों में देखा होगा कि मैंने हमारी धर्मपत्नी कस्तूरबा बाई की कितनी प्रशंसा की है। मेरे जीवन के सुख-दुःख, उतार-चढ़ाव में उन्होंने मेरा क़दम-क़दम पर साथ दिया है। मेरे राह आदर्श भरे रहे हैं, उस पर चलने में वो कभी भी बाधा नहीं बनीं। जब मैंने अपनी इच्छा से ब्रह्मचर्य व्रत धारण करने का निर्णय लिया तो न सिर्फ़ उन्होंने मेरे इस निर्णय का सम्मान किया, बल्कि मेरे लिए शक्ति का स्रोत बन कर मेरे साथ रहीं। इस सब के पीछे मुझे लगता है कि यह एक अंध पतिभक्ति थी।"

अगली पंक्ति में बा बैठी यह सब सुन रही थीं। उनका चेहरा निर्विकार था। बापू कहे जा रहे थे, "पतिभक्ति की मज़बूरी में लगता है कि उन्होंने हालांकि सांसारिक वस्तुओं का परित्याग तो कर दिया है पर उसको पाने की इच्छा अभी भी उनमें बाक़ी है। इसका परिणाम यह हुआ है कि लोगों से जो भेंट मिलती रही है, उनमे से लगभग एक साल पहले उन्होंने दो सौ रुपए अलग रख लिए थे। इसे मैं आश्रम के नियमों का उल्लंघन मानता हूं। आप सभी जानते हैं कि आश्रम का नियम है कि व्यक्तिगत उपहार भी निजी उपयोग के लिए नहीं रखे जा सकते। इसलिए बा ने जो किया है उसे मैं चोरी की श्रेणी में रखता हूं। बा ने इस बात के मालूम हो जाने के बाद पश्चाताप भी किया था। मैं समझ रहा था कि उनका पश्चाताप सही था, किन्तु कुछ ही दिन पहले एक आगन्तुक ने चार रुपए भेंट में दिए थे। बा ने इस राशि को प्रबंधक को न देकर अपने पास रख ली। इसका मुझे बहुत दुःख है। हद तो यह है कि आश्रम के एक वरिष्ठ सदस्य ने उन्हें ऐसा करते देखा, किन्तु शिष्टाचार को निभाते हुए उन्होंने इस विषय को किसी और को बताना उचित नहीं समझा। कल उन्होंने मगनलाल भाई को इस घटना के बारे में जानकारी दी। मगनभाई ने डरते हुए ही सही बा

से पैसे मांगा और बा ने शर्मिंदगी के साथ पैसे वापस कर दिए। उन्होंने ऐसी ग़लती फिर से न करने का वचन मुझे दिया है।

"आश्रम में किसी प्रकार की गड़बड़ी या हेरा-फेरी को मैं अपने भीतर की ग़लतियों का प्रतिबिम्ब मानता हूं। आश्रम मेरे लिए मेरी सर्वश्रेष्ठ रचना है। इसके माध्यम से मैं ईश्वर के दर्शन करना चाहता हूं।"

बा चुपचाप बैठी रहीं। किसी कि हिम्मत नहीं हो रही थी कि वे बा की ओर देख सकें। लोगों की आंखों से झर-झर आंसू बह रहे थे। बा अपनी साड़ी की कोर से आंखें पोंछ रही थीं।

कुष्ठ रोगी के सेवक बापू

सेवाग्राम आश्रम में एक दिन सुबह एक व्यक्ति बापू की झोपड़ी में आया। बापू उसे पहचान गये। वह एक राजनीतिक कार्यकर्ता था और कई बार जेल हो आया था। वे थे पंडित परचुरे शास्त्री। वे संस्कृत के महान विद्वान थे। उनको कुष्ठ रोग हो गया था। इस रोग से वे काफ़ी परेशान रहते थे। अछूत की भांति इधर-उधर घूमते रहते थे। तकलीफ़ काफ़ी बढ़ गई और वे अपने जीवन से उकता चुके थे। उन्होंने निश्चय किया कि वे अनशन करके अपना प्राण त्याग देंगे। वे हरिद्वार में बहुत दिनों तक एकांतवास भी करते रहे। उस दिन वे पैदल चलकर बापू के दर्शन करने आए थे।

बापू की बातें सुनकर वे बहुत प्रसन्न हुए। बोले, "अब मैंने आपके दर्शन कर लिए हैं। मैं वह सूत भी लाया हूं जो मैंने आपके लिए काता है। मैं आपको ख़ुद भेंट करना चाहता था। मैं आज रात एक पेड़ के नीचे आराम करूंगा। सुबह चला जाऊंगा।"

गांधी जी ने शास्त्री जी से कहा, "यह तुमने क्या सोच लिया। तुम्हें उपवास करके प्राण नहीं त्यागना है। मैं ऐसा नही करने दूंगा।"

बापू पर उसकी श्रद्धा का बहुत प्रभाव पड़ा। पूरी रात वे सोचते रहे कि उसे जाने दें या आश्रम में ही रख लें। आखिर उन्होंने निश्चय किया कि उसे आश्रम में ही रखेंगे। गांधी जी ने अपनी कुटिया से क़रीब 200 फुट की दूरी पर परचुरे शास्त्री जी के लिए एक कुटीर बनवाया। इस प्रकार वे दिन-रात उनकी देख भाल करते थे। जब भी टहलते हुए उधर से गुज़रते उनका हाल-चाल पूछते। क्या खाना-पीना है, यह सब उन्हें बताते।

हर दिन की तरह एक दिन जब गांधी जी उनके पास गए और उनका हाल-चाल पूछा तो शास्त्री जी ने बताया, "रात को बड़ा कष्ट हुआ। दर्द बहुत हो रहा था और नींद भी नहीं आई।"

गांधी जी अपनी कुटिया वापस आए और धूप में एक खटिया डाली। शास्त्री जी को बुलाकर उस पर लिटाया। सरसों के तेल से उनकी मालिश करने लगे। पूरी एकाग्रता, प्यार और स्नेह से बात भी करते गए और उनकी मालिश भी। यह क्रम रोज़ ही चलता गया। शास्त्री जी को काफ़ी राहत मिली। फ़ायदा भी होने लगा।

सुविधा का बेजा इस्तेमाल भी हिंसा

यह बात उस समय की है जब बापू लॉर्ड माउण्ट बैटन से मिलने जा रहे थे। नोआखाली और बिहार के ऐक्य-यज्ञ के बाद उनकी यह पहली यात्रा थी। वायसरॉय की ओर से सूचना यह दी गई थी कि बापू को हवाई जहाज से दिल्ली पहुंचना है। पर बापू ने हवाई जहाज से जाने से इंकार कर दिया। बोले, "जिस वाहन में करोड़ों ग़रीब सफ़र नहीं कर सकते, उसमें मैं कैसे बैठ सकता हूं? मेरा काम तो रेल से भी अच्छी तरह चल जाता है। मैं रेल से ही आऊंगा।"

बापू ने यात्रा की तैयारी के लिए मनु बहन गांधी को आवश्यक निर्देश देते हुए कहा, "तुम्हें मेरे साथ आना है। सामान कम से कम लेना है। छोटे-से-छोटा तीसरे दर्ज़े का एक डिब्बा पसंद कर लेना। मगर देखना, इसमें तुम्हारी कड़ी परीक्षा है, ख़्याल रखना!"

मनु बहन ने सामान तो कम-से-कम लिया, मगर डब्बा पसन्द करते समय उन्हें ख़्याल हुआ कि हर स्टेशन पर दर्शन करने वालों की भीड़ के कारण बापू घड़ी भर आराम नहीं कर पाएंगे। इसलिए उन्होंने दो भाग वाला एक डिब्बा पसन्द किया। एक में सामान रख लिया और दूसरे में बापू के सोने-बैठने का इंतज़ाम कर दिया।

पटना से दिल्ली की गाड़ी सुबह 9.30 बजे चली। बापू 9.25 बजे स्टेशन पर आए। वहां लोगों की भीड़ उमड़ी पड़ी थी। गाड़ी पर चढ़ने के बाद बापू ने देखा कि गाड़ी खुलने में अभी पांच मिनट है। मिनट-मिनट का उपयोग करने वाले गांधी जी ने पांच मिनट में फ़ण्ड इकट्ठा कर लिया।

रेल से यात्रा शुरु हुई। 24 घंटे का रास्ता था। हर स्टेशन पर बापू के दर्शन के लिए हजारों की भीड़ उमड़ पड़ती थी। पर बापू को इन सब तकलीफ़ों की फ़िकर ही कहां थी! बापू दिन में 10 बजे भोजन करते थे। मनु बहन सब तैयारियां करने के लिए डिब्बे के

दूसरे हिस्से में गयीं। थोड़ी देर के बाद बापू के पास आई। लिखने में व्यस्त बापू ने पूछा, "कहां थी?"

मनु बहन ने बताया, "खाना तैयार कर रही थी।"

बापू ने कहा, "ज़रा खिड़की के बाहर नज़र डालकर देखो।"

मनु बहन को लगा कुछ भूल ज़रूर हो गई है। उन्होंने खिड़की के बाहर देखा तो उन्हें लोग लटके हुए नज़र आए।

मीठी-सी झिड़की देकर बापू ने कहा, "क्या इस दूसरे कमरे के लिए तुमने कहा था?"

मनु बहन ने कहा, "जी हां। मेरा ख़्याल था कि अगर इसी कमरे में अपना काम करूं, बरतन मलूं, तो आपको तकलीफ़ होगी। इसलिए मैंने दो कमरे का डब्बा लिया।"

बापू कहने लगे, "कितनी कमज़ोर दलील है। इसी का नाम अंधा प्रेम है। तुम जानती हो न कि मेरी तकलीफ़ बचाने के लिए वाइसरॉय ने हवाई जहाज का इंतज़ाम किया गया था। किन्तु मैंने उसका उपयोग करने से इंकार कर दिया था। ऐसा करने के बाद स्पेशल रेलगाड़ी से सफ़र करने की व्यवस्था की गयी थी। लेकिन एक स्पेशल ट्रेन के पीछे कितनी गाड़ियां रुकें और हजारों का खर्च हो जाय? यह मुझसे कैसे सहा जाय? मैं तो बड़ा लोभी हूं। मना कर दिया। आज तुमने सिर्फ़ दूसरा कमरा ही मांगा, लेकिन अगर सलून भी मांगती तो वह भी तुम्हें मिल जाता। मगर क्या यह तुम्हें शोभा देता? तुम्हारा यह दूसरा कमरा मांगना सलून मांगने के बराबर है। मैं जानता हूं कि तुम मेरे प्रति अत्यंत प्रेम की वजह से ही यह सब करती हो। लेकिन मुझे तुम्हें ऊपर चढ़ाना है, नीचे नहीं गिराना है। तुम्हें भी यह समझ लेना चाहिए।"

मनु बहन की आंखों से अविरल अश्रु की धार बह चली।

बापू ने देखा तो बोले, "मैं इधर तुम्हें यह बात कह रहा हूं और उधर तुम्हारी आंखों से पानी बह रहा है, वह नहीं बहना चाहिए। अब इन बातों का प्रायश्चित यही है कि तुम सब सामान इस कमरे में ले लो, और अगले स्टेशन पर स्टेशन मास्टर को मेरे पास बुलाना।"

थर-थर कांपते हुए मनु ने सामान हटाया। उन्हें यह चिन्ता भी सता रही थी कि बापू का काम सब कैसे होगा? घर के सब काम-पढ़ना, लिखना, मिट्टी का लेप लगाना, कातना, मनु को पढ़ाना-जैसे घर में होता था, वैसे ही ट्रेन में भी होते थे!

अगले स्टेशन पर ट्रेन रुकने पर स्टेशन मास्टर को बुलाया गया। उससे बापू ने कहा, "यह मेरी पोती, बड़ी भोली है। शायद यह अभी तक मुझे समझ नहीं पाई है, इसलिए इसने दो कमरे चुन लिए। इसमें इसका दोष नहीं है, दोष मेरा ही है। क्योंकि मेरे शिक्षण में

ही कुछ अधूरापन रह गया होगा। अब प्रायश्चित तो दोनों को मिलकर करना होगा। हमने दूसरा कमरा ख़ाली कर दिया है। जो लोग गाड़ी पर लटक रहे हैं, उनके लिए कमरे का उपयोग कीजिए। तभी मेरा दु:ख कम होगा।"

स्टेशन मास्टर ने बहुत मिन्नतें की। पर बापू कहां मानने वाले थे। स्टेशन मास्टर ने कहा कि उन लोगों के लिए वह दूसरा डिब्बा जुड़वा देगा। बापू ने कहा, "हां, दूसरा डिब्बा तो जुड़वा ही दीजिए, मगर इस कमरे का भी इस्तेमाल कीजिए। जिस चीज़ की हमें ज़रूरत न हो वह ज़्यादा मिल सकती हो, तो भी उसका उपयोग करने में हिंसा है। मिलनेवाली सहूलियतों का दुरुपयोग करवाकर क्या आप इस लड़की को बिगाड़ना चाहते हैं?"

बेचारे स्टेशन मास्टर शर्मिन्दा हुए। उन्हें बापू का कहना मानना पड़ा।

ग़रीबों को याद कीजिए

बापू के लिए ईश्वर की सेवा का अर्थ ग़रीबों की सेवा था। उन दिनों मलेरिया महामारी के रूप में फैल जाती थी। लाखों लोग इससे जान गंवा बैठते थे। आश्रम में भी यह बीमारी हर साल आती थी। साबरमती आश्रम में एक बार बापू ने डॉक्टरों से पूछा कि, "मलेरिया की महामारी से कैसे छुटकारा पाया जा सकता है?"

डॉक्टरों ने सलाह दी, "मच्छरदानी लगाइए।"

बापू ने कहा, "डॉक्टर साहब, सभी लोगों को मच्छरदानी कहां मिलेगी? क्या कोई ऐसा तरीक़ा नहीं है जिससे ग़रीब से ग़रीब व्यक्ति भी फ़ायदा उठा सके?"

डॉक्टर ने एक तरीक़ा सुझाते हुए कहा, "शरीर को चादर से ढक कर और मुंह पर मिट्टी का तेल मल कर सोइए। इससे मच्छर नहीं आएंगे।"

बापू ने इस राय को मान लिया। उन्होंने उसी दिन से मच्छरदानी लगाना छोड़ दिया। सोते समय अपने मुंह पर मिट्टी का तेल मलना शुरु कर दिया। और ज़मीन पर सोने लगे। एक विदेशी ने उन्हें ज़मीन पर सोये देख कर पूछा, "बापू, आप ज़मीन पर क्यों सोते हैं? मोटा गद्दा क्यों नहीं बिछाते?"

बापू ने जवाब दिया, "इसलिए कि मैं इस देश के लाखों ग़रीबों के साथ अपने को जोड़ सकूं।"

बापू ग़रीबों के लिए ही जिए और मरे।

अहिंसक शस्त्र है उपवास

गांधी जी प्रायः सप्ताह में एक दिन मौन धारण किया करते थे और दिन होता था सोमवार। इसके द्वारा वे अपने गले को सुरक्षित रखना चाहते थे और अपने शरीर में साम्य। अपना मौन वे दो ही परिस्थिति में तोड़ सकते थे, एक जब किसी अनिवार्य मसले पर किसी उच्च अधिकारी से बात करनी हो, या दूसरे किसी बीमार आदमी की देखभाल करनी हो।

नियम के अनुसार उपवास के दौरान गांधी जी पानी में चुटकी भर सोडियम बाइकार्बोनेट मिलाकर लेते थे। वे मानते थे कि ग़रीब और निसहाय लोगों के लिए उपवास सबसे मज़बूत शस्त्र है। जब भी वे विकट परिस्थिति में होते थे, इसका इस्तेमाल करते थे। उनके जीवन में बड़ी बड़ी सफलताएं इसके प्रयोग से हासिल हुईं। अपने सम्पूर्ण जीवन में उन्होंने सोलह बार उपवास ग्रहण किया। दो बार उनका उपवास 21 दिनों तक चला।

गांधी जी ने स्वीकार किया कि सार्वजनिक जीवन में खुद पर आरोपित इस तरह की यातना बहुत ही प्रभावकारी अहिंसक शस्त्र सिद्ध हुआ। इसके प्रयोग के वे सारे संसार में सबसे बड़े सिद्धान्तकार कहलाए। लेकिन उनका कहना था कि उपवास का निश्चय कुछ खास परिस्थितियों में लिया जाना चाहिए।

उपवास के दौरान उन्हें किसी चीज़ की ज़रूरत होती या कुछ सूचना देनी होती, तो काग़ज़ के टुकड़े पर लिखकर बताते थे। लेकिन काग़ज़ का यह टुकड़ा भी नया या कोरा नहीं होता था। बापू आए हुए पत्रों के पीछे, जिन पर कुछ लिखा हुआ न हो या लिफ़ाफों को खोलकर उनके अन्दर की ओर के बिना लिखे या बिना छपे वाले हिस्से पर लिखा करते थे। बापू का कहना था, "हमें आवश्यकता से तनिक भी ज़्यादा उपयोग नहीं करना चाहिए। और हर चीज़ का इस्तेमाल किफ़ायत से करना चाहिए।"

आत्मा की आंखें

अपाहिज और अशक्त लोगों के लिए बापू के हृदय में विशेष दया थी। एक बार बापू के पास 70 वर्ष की एक महिला का पत्र आया। उसने लिखा था, "मैं आपको बताना चाहती हूं कि आपसे मेरे समान अंधे-बहरों को बहुत दिलासा मिलती है। मैंने इस पत्र को ख़राब टाइप किया है, फिर भी मुझे आशा है कि आप इसे पढ़ सकेंगे।"

बापू ने अपने चिट्ठियों के ढेर से उसका पत्र सबसे पहले उत्तर देने के लिए उठाया। उन्होंने लिखा, "तुम न अंधी हो, न बहरी क्योंकि तुम्हारे पास देखने के लिए आत्मा की आंखें हैं।"

प्रेम और हमदर्दी

एक बार वर्धा में बापू के पास 17 वर्ष का एक युवक आया। उसके हाथ-पैर कांपते रहते थे। उसका कोई सहायक न था। उसे जीवन एक भार लगता था। दु:खी होकर वह बापू के पास आया था।

लोगों ने कहा, "यह तो आश्रम के किसी काम नहीं आ पाएगा। इसे लौटा दीजिए।"

बापू ने अपने से पूछा, 'ऐसे व्यक्ति का क्या किया जाए? यदि मैं उसे लौटा दूंगा तो कहां जाएगा?'

काफ़ी सोच-विचार कर बापू ने उसे आश्रम में रख लिया। बापू ने उसे रसोई में काम करने भेजा। उससे पूछा गया, "क्या तुम सब्जियां धो सकोगे?"

युवक ने कहा, "मैं कोशिश करूंगा।"

अभ्यास करते-करते उसे चाकू का भी उपयोग करना तक आ गया। कुछ ही महीनों में वह क़रीब-क़रीब ठीक हो गया।

बापू के प्रेम और हमदर्दी ने उसे प्रोत्साहन दिया। अब युवक में शक्ति आ गई थी। वह अपने रोग को जीत सका।

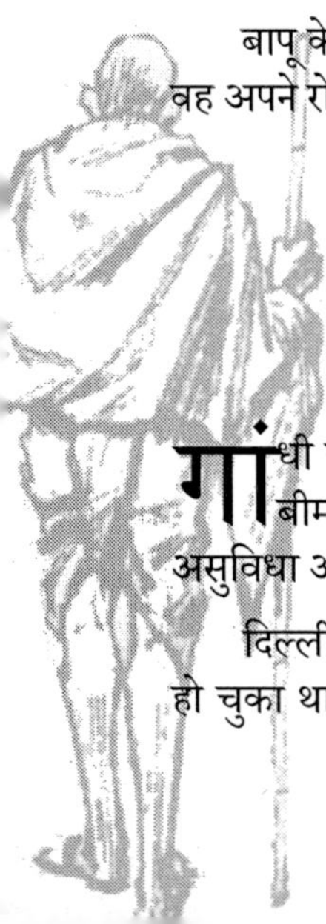

कष्ट में संतोष

गांधी जी को बीमारों की सेवा करने का शौक तो बचपन से ही था। कोई अत्यंत बीमार हो और मृत्यु शय्या पर हो, और गांधी जी से मिलना चाहता हो तो असुविधा और कष्ट बर्दाश्त करके भी रोगी से मिलने चले जाते थे।

दिल्ली में एक मरणासन्न रोगिणी थीं। रोग से लड़ते-लड़ते उनके शरीर का ह्रास हो चुका था। केवल कुछ सांसें बाक़ी थीं। उन्होंने जीवन से विदाई ले ली थी। लम्बी

यात्रा करनी है ऐसा मानकर राम-राम करते अपने अंतिम दिन काट रही थी। रोगिणी ने घनश्यामदास बिड़ला से कहा, "क्या गांधी जी के दर्शन भी हो सकते हैं? जाते-जाते अन्त में उनसे मिल तो लूं।"

उन दिनों गांधी जी दिल्ली के आसपास भी नहीं थे। उनका दर्शन असम्भव था, पर अंतिम सांसें गिनते प्राणी की आशा पर पानी फेरना उचित न समझते हुए बिड़ला जी ने कहा, "देखेंगे। आपकी इच्छा ईश्वर शायद पूरी कर दें।"

दो दिनों बाद बिड़ला जी को सूचना मिली कि गांधी जी कानपुर से दिल्ली होते हुए अहमदाबाद जा रहे हैं। जिस गाड़ी से वे आ रहे थे वह सुबह चार बजे दिल्ली पहुंचती थी। अहमदाबाद की गाड़ी पांच बजे छूटती थी। केवल घण्टे भर का समय था। बीमार महिला दिल्ली से सोलह किलोमीटर की दूरी पर थी। एक घंटे में रोगी से मिलना और वापस स्टेशन पहुंचना लगभग असंभव था।

जाड़े का मौसम था। हवा काफ़ी तेज़ थी। उन दिनों मोटर गाड़ियां खुली छत वाली हुआ करती थीं। गांधी जी को सवेरे-सवेरे ऐसी गाड़ी में बत्तीस किलोमीटर का सफ़र कराना भी भयानक ही था। गांधी जी आ रहे हैं यह भी उस रोगिणी को मालूम नहीं था। इन सारी परिस्थिति के बीच उस बीमार महिला की गांधी जी की अंतिम इच्छा बिड़ला जी के सम्मुख थी। उन्होंने गांधी जी के गाड़ी से उतरते ही दबे स्वर में पूछा, "आप आज ठहर नहीं सकते?"

गांधी जी ने कहा, "ठहरना मुश्किल है।"

बिड़ला जी हताश हो गये।

तुरत ही गांधी जी ने पूछा, "ठहरने के बारे में क्यों पूछा तुमने?"

बिड़ला जी ने कारण बताया। गांधी जी ने सुनते ही कहा, "चलो, अभी चलो!"

बिड़ला जी ने हिचकिचाते हुए कहा, "पर मैं आपको इस जाड़े में, ऐसी तेज़ हवा में, सुबह के वक़्त मोटर में बिठाकर कैसे ले जा सकता हूं?"

गांधी जी ने सहज भाव से कहा, "इसकी चिंता छोड़ो। मुझे मोटर में बिठाओ। समय खोने से क्या लाभ? चलो, चलो।"

बिड़ला जी ने गांधी जी को मोटर में बिठाया। जाड़ा और ऊपर से पैनी हवा बेरहमी से अपनी शक्ति का प्रदर्शन कर रहे थे। सूर्योदय तो अभी हुआ नहीं था। रुग्णा के घर वे ब्रह्ममुहूर्त में वे पहुंचे। रुग्णा शय्या पर पड़ी 'राम-राम' जप रही थी। गांधी जी उसकी चारपाई के पास पहुंचे। बिड़ला जी ने उससे कहा, "गांधी जी आए हैं।"

उस महिला को विश्वास नहीं हुआ। हक्की-बक्की रह गई वो। सकपकाकर उठ कर बैठने की कोशिश करने लगी। पर उसमें शक्ति कहां थी? उसकी आंखों से दो बूंदें चुपचाप गिर गई। उसकी आत्मा को क्या सुख मिला उसकी आंखें बता रही थीं।

वापस होते-होते गांधी जी की गाड़ी दिल्ली से छूट चुकी थी। मोटर से सफ़र करके आगे के स्टेशनों पर उन्होंने गाड़ी पकड़ी। गांधी जी को कष्ट तो हुआ, पर रोगी को जो शान्ति मिली, उस सन्तोष में गांधी जी को कष्ट का कोई अनुभव नहीं था।

सजावट से चिढ़ गये बापू

बात आज़ादी मिलने के कुछ महीने पहले की है। बापू नोआखाली के गांवों का दौरा कर रहे थे। जब वे देवीपुर पहुंचे तो गांव के लोगों ने उनके स्वागत के लिए खूब सजावट कर रखी थी। उसमें डेढ़-दो सौ रुपयों का ख़र्चा हुआ होगा। लोगों ने खास चांदपुर से फूल-ज़री, रेशम की पट्टियां, लाल-पीले-हरे काग़ज़ आदि से गांव को सजाया था। इसके अलावा उन्होंने तेल के दीये भी जलाये थे।

यह सब देख कर बापू काफ़ी गंभीर हो गए। वहां के मुख्य कार्यकर्ता को उन्होंने बुलवाया। उससे पूछे, "इस सजावट के लिए तुम पैसा कहां से लाए?"

कार्यकर्ता ने जवाब दिया, "आपके चरण हमारी धरती पर कहां बार-बार पड़ते हैं? इसलिए हम हिन्दुओं में से हरेक ने आठ-आठ आने दिये, और जो दे सकता था उससे ज़्यादा भी दिये। इस तरह क़रीब तीन सौ रुपये इकट्ठे किये गए। उसी से हम इन चीज़ों को ख़रीद कर लाये।"

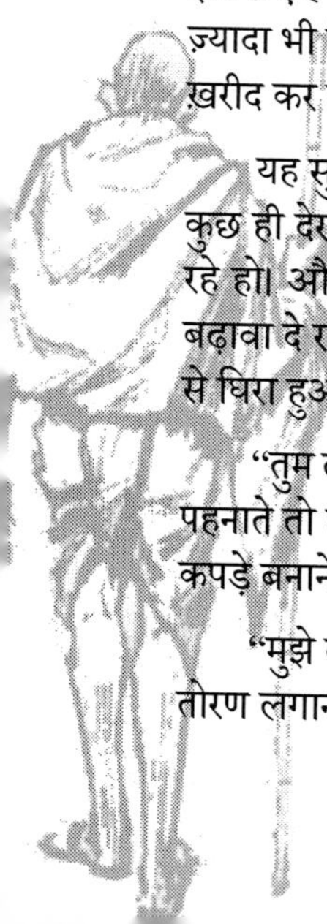

यह सुनकर बापू को और भी चिढ़ हुई। उन्होंने कहा, "तुम्हारी की हुई यह सजावट कुछ ही देर में कुम्हला जायेगी। इससे तो मुझे यही लगता है कि तुम सब मुझे धोखा दे रहे हो। और मेरी हिम्मत पर यह सब ठाठ-बाठ कर के तुम क़ौमी झगड़े को और भी बढ़ावा दे रहे हो। क्या तुम नहीं जानते कि मैं तो इस समय आग की लपलपाती ज्वाला से घिरा हुआ हूं?

"तुम लोगों ने जितने फूलों के हार पहनाए हैं, उनके बजाय यदि उतने ही सूत के हार पहनाते तो मुझे रंज न होता। क्योंकि सूत के हारों से सजावट भी होती है और बाद में वे कपड़े बनाने के काम आते हैं, वे फ़िज़ूल नहीं जाते।

"मुझे लगता है इस गांव में पैसे बहुत हैं! नहीं तो ऐसे मुश्किल की घड़ी में यों हार-तोरण लगाना तुम्हें नहीं सूझता। अगर तुम लोगों ने मेरे प्रति अपना प्रेम दिखाने के लिए

यह सब किया है, तो यह ग़लत है। इससे ज़रा भी प्रेम प्रकट नहीं होता। इस सजावट में विलायती मिलों का रेशम और रिबन वगैरा कैसे लगाया तुम लोगों ने? मेरी दृष्टि में यह सब दु:खदायी है। न जाने मुझे क्या-क्या देखना बदा है!"

बेचारे कार्यकर्ता को क्या पता था कि बापू को इतना दु:ख होगा। वे वहां से गए और आधे घंटे में सब सजावट निकाल डाली। जो-जो चीज़ें काम में ली जा सकती थीं वे ले ली गईं। हारों में जितना तागा काम में लिया गया था, बापू ने सबका एक बंडल बनाने के लिए कहा। वह बंडल काफ़ी बड़ा था। वह लोगों को सीने के काम में लेने के लिए दिया। उस बंडल में क़रीब 15-20 रील तागा था। अगर बापू इतना न कहते, तो इतना तागा बेकार चला जाता। उसके बाद गावों में हमेशा हाथ कते सूत के हारों से बापू का स्वागत किया जाता रहा। वह सूत क़रीब पांच थानों का इकट्ठा हुआ था। उसका कपड़ा बुनवाकर ग़रीबों में बांट दिया गया।

बापू ग़रीबों के ऐसे संगी थे!

वायसराय और कुष्ठ रोगी

बात 1939 की है। बापू भी गरमी के दिनों में शिमला पहुंचे। बदन पर वही लंगोटी और छोटी सी चादर। बापू के जाने से शिमला की सूरत ही बदल गई। उनके दर्शन के लिए लोगों की भीड़ इकट्ठी हो गई।

उन दिनों दूसरा महायुद्ध छिड़ चुका था। वायसराय ने घोषणा कर दी थी कि भारत इंगलैंड के पक्ष में है। इससे भारत के स्वाभिमान को ठेस पहुंची। बापू ने अपनी नाराज़गी लेख लिख कर प्रकत कर दी थी। उन दिनों प्रान्तों में लोकप्रिय मंत्रिमंडल का शासन था। भारत किस पक्ष में है, इसकी घोषणा करने के पहले कम-से-कम इन मंत्रिमंडलों से सरकार को सलाह तो लेनी ही चाहिए थी। लेकिन ब्रिटिश सरकार के प्रतिनिधि ने इसकी ज़रूरत नहीं समझी। कांग्रेस में भी विश्वयुद्ध के प्रश्न को लेकर अलग-अलग मत प्रकट हो रहे थे। लेकिन सब इस बात पर सहमत थे कि ब्रिटिश सरकार के साथ बापू ही बातचीत करें। इसी सिलसिले में बापू शिमला पहुंचे थे।

वायसराय तो अंग्रेज़ सरकार के प्रतिनिधि मात्र थे। वे अंतिम निर्णय ले नहीं सकते थे। कई महत्वपूर्ण मुद्दों पर विलायत से राय आने तक उनको रुकना पड़ता था। इंगलैंड से आदेश आने तक बातचीत रोक दी गई थी। अब बातचीत पुनः एक सप्ताह बाद शुरु होने वाली थी। जो लोग साथ में थे उन लोगों ने इन दिनों में शिमला और आसपास की

जगहों की सैर के मंसूबे बांधने लगे। पर बापू का आदेश हुआ, "अपना-अपना बोरिया-बिस्तर बांधो।"

बापू के निजी सचिव, महादेव देसाई ने पूछा, "कहां जाना है?"

बापू ने कहा, "और कहां? सेवाग्राम वापस।"

"लेकिन एक सप्ताह बाद बातचीत तो फिर से आगे चलने वाली है।"

"हां-हां, लेकिन सेवाग्राम में दो दिन मिलेंगे न?"

"वहां कौन-सा महत्व का काम है?"

"परचुरे शास्त्री की सेवा का काम तो महत्व का है न?" बापू ने जवाब दिया।

महादेव देसाई निरुत्तर हो गए।

परचुरे शास्त्री संस्कृत के प्रकांड विद्वान थे वे। उन्हें कुष्ठ रोग हो गया था। कुष्ठ रोग के लिए समाज में घृणा का वातावरण है। बापू अपनी देख-रेख में उनकी सेवा करते थे। शिमला से भी बापू ने दो दिन के लिए सेवाग्राम जाने का निर्णय लिया। उनके मन में देश की आज़ादी के प्रश्न पर वायसराय से बातचीत चलाने और एक कुष्ठ रोगी की सेवा करने का महत्व समान था।

स्वाद पर विजय

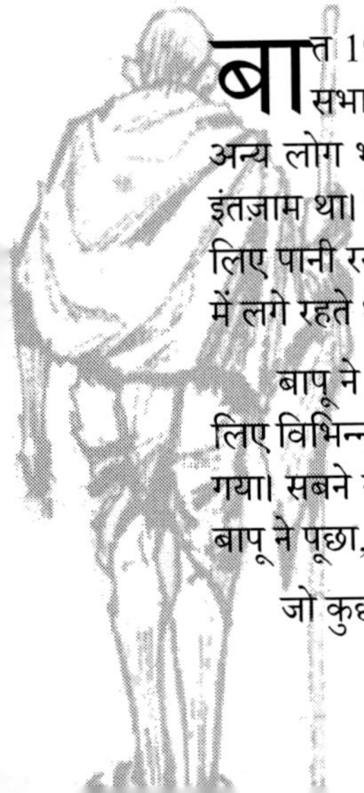

बात 1918 की है। बापू को हिंदी साहित्य सम्मेलन ने इन्दौर अधिवेशन के लिए सभापति चुन लिया। चंपारन से बापू इन्दौर पहुंचे। साथ में राजेन्द्र प्रसाद और अन्य लोग भी थे। सभी लोग राज्य के अतिथि थे। इसलिए वहां खातिरदारी का पूरा इंतज़ाम था। जितने बरतन उनके काम के लिए वहां रखे गए थे, यहां तक कि स्नान के लिए पानी रखने के बरतन भी, चांदी के ही थे। राज्य के कर्मचारी दिन-रात खातिरदारी में लगे रहते थे।

बापू ने अपना सादा-मूंगफली आदि का भोजन अलग कर लिया। अन्य लोगों के लिए विभिन्न प्रकार के पकवान आदि चांदी के बड़े थालों और अनेक कटोरियों में परसा गया। सबने खूब आनंद से भोजन किया। भोजन के बाद बापू से उनकी मुलाक़ात हुई। बापू ने पूछा, "तुम लोगों ने क्या खाया?"

जो कुछ उन लोगों ने खाया था, महादेव देसाई ने वर्णन कर दिया।

कुछ देर बाद जब राज्य कर्मचारी आए तब बापू ने उनसे कहा, “आप इन लोगों को जैसा भोजन दे रहे हैं, वैसे भोजन की इनकी आदत नहीं है। ये लोग तो यहां अस्वस्थ हो जाएंगे। आप इनके लिए मामूली सादा फुलका और सब्जी का प्रबंध कर दीजिए, थोड़ा दूध भी दे दीजिए। इनके लिए यही स्वास्थ्यकर और अच्छा भोजन होगा।”

उसके बाद से चांदी के थालों में उन लोगों को वही सादा भोजन मिलने लगा।

बापू इस बात को मानते थे कि स्वाद-इंद्रिय पर विजय पाना बहुत कठिन है। हम लोग जो भोजन करते हैं, वह शरीर को सुरक्षित और पुष्ट बनाने के लिए नहीं, केवल स्वाद के लिए। भोजन का प्रभाव तो स्वास्थ्य पर पड़ता ही है; इसलिए हममें से जिनके पास पैसे होते हैं, वे अधिक और अस्वस्स्थ्यकर पर मज़ेदार खाना खाकर बीमार पड़ते रहते हैं। पर जिनके पास पैसे नहीं होते, वे यथेष्ट और स्वास्थ्यकर भोजन न मिलने के कारण कमज़ोर और बीमार हो जाते हैं। इसीलिए वे सभी को सादे भोजन और स्वाद पर विजय का उदाहरण स्वयं सिखाते रहते थे।

जलती रेत पर नंगे पैर

खेड़ा ज़िले के किसानों ने, फसल कम हो जाने या मारे जाने के कारण गवर्नमेंट का माल कम कराने के लिए, आंदोलन आरंभ किया था। किसानों ने वहां सत्याग्रह करने का निश्चय किया। सरदार वल्लभभाई ने गांधी जी के साथ उनका नेतृत्व किया। गांधी जी के साथ राजेन्द्र प्रसाद भी खेड़ा गए थे। अप्रैल का अंतिम सप्ताह था। वहां धूप कड़ाके की थी। आश्रम से रेल पर सवार होकर वे लोग कुछ दूर गए। वहां से कई गांवों में जाकर लोगों से मिले। गांधी जी उन लोगों से बातें गुजराती में ही किया करते थे। वे लोगों को बताते कि अगर माल न देने के कारण ढोर-मवेशी ज़ब्त किए जाएं तो उसको भी बरदाश्त करना चाहिए, पर माल हरगिज न देना चाहिए।

एक दिन दोपहरी की कड़ी धूप में गांधी जी के साथ राजेन्द्र प्रसाद जा रहे थे। ज़मीन रेतीली होने की वजह से बहुत तप रही थी। राजेन्द्र बाबू तो जूता पहने थे, पर गांधी जी तो उन दिनों चप्पल भी नहीं पहनते थे। बालू में पैर जलने लगे। अभी कुछ दूर जाने पर ही किसी पेड़ की छाया मिल सकती थी। इस बीच में गरम बालू के सिवा और कुछ नहीं था। राजेन्द्र बाबू को कोई विशेष तकलीफ़ नहीं थी। पर उन्होंने देखा कि बापू बहुत कष्ट पा रहे थे। राजेन्द्र बाबू के कंधे पर एक चादर थी। उन्होंने उसे बापू के पैरों के सामने डाल दिया कि उस पर थोड़ा आराम पैरों को मिल जाएगा। किंतु बापू ने उस पर पैर नहीं रखा।

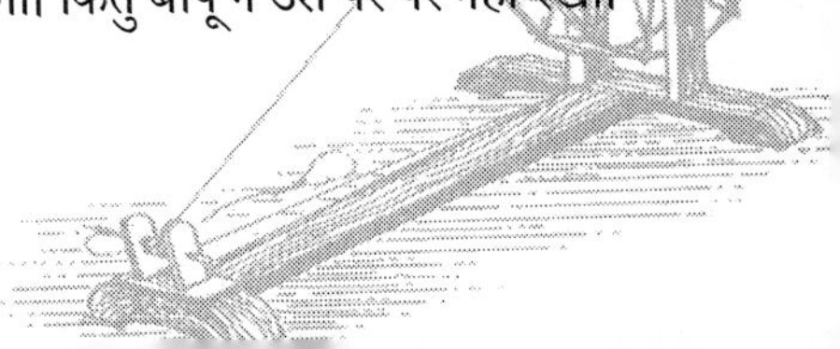

बापू राजेन्द्र बाबू से बोले, "इसकी क्या ज़रूरत है? इस देश में करोड़ों आदमी इसी दोपहरी में, इससे भी अधिक गरम बालू में, बिना जूता के चलते हैं और काम करते हैं।"

राजेन्द्र बाबू लाचार होकर, चादर लेकर उनके पीछे चुपचाप चलते गए।

वक़्त के पाबंद

बात 1917 की है। बापू चंपारण में थे। वे समय की बहुत पाबंदी रखते थे। वे अपना एक मिनट भी बर्बाद नहीं होने देते थे और न दूसरे का बर्बाद करते थे। उनको जो समय किसी से मुलाक़ात के लिए दिया जाता, ठीक उसी समय- अगर उनको जाना होता तो वे पहुंच जाते। यदि दूसरे को उनसे मिलने आना होता, तो उसको भी ऐन वक़्त पर उनके पास पहुंच जाना पड़ता। जब कभी नियत समय से कोई एक-दो मिनट बाद भी पहुंचा तो किसी तरह से वे याद दिला देते कि देर करके आए हो। इसी तरह, अगर किसी ने समय मांगा और कह दिया कि केवल पांच ही मिनट चाहिए तथा उन्होंने भी उस पांच मिनट को मंज़ूर कर लिया, तो उन पांच मिनटों में काम पूरा न होने पर भी वे काम को अधूरा ही छोड़ देते थे- कह देते कि आपका समय पूरा हो गया, अगर आपको और समय चाहिए तो फिर लीजिए।

चंपारण में राजेन्द्र बाबू और अन्य लोग इन बातों को अच्छी तरह जानते नहीं थे। इसलिए कभी-कभी ढिलाई हो जाती थी।

एक दिन मजिस्ट्रेट से उनको दो बजे मिलना था। मजिस्ट्रेट का घर कुछ दूर था, इसलिए भाड़े की घोड़ा-गाड़ी मंगा देने का प्रबंध किया गया था। उन्होंने पूछा था कि पैदल जाने में कितना समय लगेगा? कहा गया कि आधा घंटा। इस पर बापू ने कहा कि डेढ़ बजे से पांच मिनट पहले ही यहां गाड़ी तैयार रहनी चाहिए।

राजेन्द्र बाबू और अन्य लोगों ने समझा कि पैदल जाने में जब आधा घंटा लगेगा तो घोड़ा-गाड़ी के लिए आठ-दस मिनट काफ़ी होना चाहिए। इसलिए गाड़ी वाले को हालाकि डेढ़ बजे से पहले ही आने को कहा गया लेकिन ऐसा प्रबंध नहीं हो सका कि कोई जाकर उसे ठीक समय पर लाकर तैयार रखे। पहुंचने में उसने कुछ देर कर दी।

ठीक डेढ़ बजे बापू ने पूछा- गाड़ी तैयार है? और, यह सुनकर कि अभी गाड़ी नहीं आई, वे निकल पड़े।

राजेन्द्र बाबू ने बहुत कहा कि गाड़ी अभी आ जाती है, वह दो बजे के पहले ही वहां पहुंच जाएगी, अभी थोड़ी देर ठहरकर जाने पर भी समय से पहुंच जाएगी। पर बापू ने नहीं माना। उस कड़ी धूप में ही पैदल चल पड़े।

बाद में पूछने पर बापू ने बताया कि उन्होंने ऐसा इसलिए किया कि वे ठीक समय पर पैदल पहुंच जाएं, क्योंकि किसी कारण अगर गाड़ी न आती तो वे देर करके चलते और वहां ठीक समय पर नहीं पहुंच सकते।

सफ़ाई से ज्ञान की शुरूआत

गांधी जी अफ्रीका के सत्याग्रह में सफलता प्राप्त कर भारत लौट आए थे। अपने गुरु श्री गोखले के कथनानुसार वे समूचे भारत में घूम रहे थे। संयुक्त प्रांत में घूमते समय बिहार के कुछ लोग उनसे मिले। बिहार के चंपारण में गोरे ज़मींदारों ने भारी जुल्म मचा रखा था। बिहार के शिष्टमंडल के लोगों ने कहा, "गांधी जी, आप आइए, हमें रास्ता दिखाइए।"

गांधी जी बोले, "मैं ज़रूर आऊंगा। लेकिन आप लोगों को मेरी बात माननी होगी।"

उन्होंने स्वीकार किया, "जैसा आप कहेंगे, हम वैसा ही करेंगे।"

"जेल जाने की तैयारी रखेंगे?"

"जी, हां।"

बात तय हो गयी और कुछ दिनों के बाद चंपारण सत्याग्रह के लिए वे दौड़ पड़े। राजेन्द्र बाबू वगैरह बिहार के सत्याग्रही लोग उसी समय पहले-पहल गांधी जी से मिले। किसानों का काम तो शुरू हुआ, लेकिन गांधी जी को सारी जनता के अंदर चेतना जगानी थी। कई साथी स्वयंसेवकों से उन्होंने कहा, "आप लोग देहातों में जाएं और किसानों के बच्चों के लिए स्कूल चलाएं।"

कस्तूरबा भी चंपारण गयी थीं। एक दिन गांधी जी ने उनसे कहा, "तुम क्यों कोई स्कूल नहीं शुरू करती? किसानों के बच्चों के पास जाओ, उन्हें पढ़ाओ।"

कस्तूरबा बोलीं, "मैं क्या सिखाऊं? उन्हें क्या मैं गुजराती सिखाऊं? अभी मुझे बिहार की हिन्दी आती भी तो नहीं।"

गांधी जी बोले, "बात यह नहीं है। बच्चों का प्राथमिक शिक्षण तो सफ़ाई का है। किसानों के बच्चे को इकट्ठा करो। उनके दांत देखो। आंखें देखो। उन्हें नहलाओ। इस

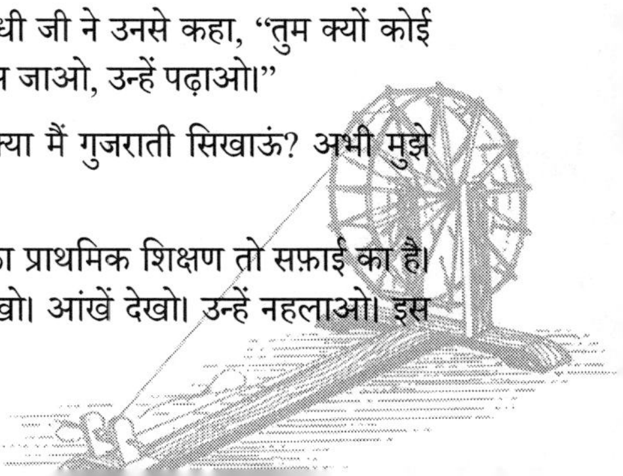

तरह उन्हें सफ़ाई का पहला पाठ तो सिखा सकोगी। मां के लिए यह सब करना कठिन थोड़े ही है। यह सब करते-करते उनके साथ बातचीत करोगी, तो वे भी तुमसे बोलेंगे। उनकी भाषा तुम्हारी समझ में आने लगेगी और आगे जाकर तुम उन्हें ज्ञान भी दे सकोगी। लेकिन सफ़ाई का पाठ तो कल से ही उन्हें देना शुरू करो।"

कस्तूरबा अगले दिन से वही करने लगीं, बालगोपालों की सेवा का असीम आनन्द लूटने लगीं।

गांधी जी सफाई को ज्ञान का प्रारंभ मानते थे।

जनता से एकरूप

10 मार्च 1922 की बात है। बारडोली का सत्याग्रह स्थगित किया जा चुका था। गांधी जी को गिरफ़्तार करने की ज़रूरत नहीं थी। लेकिन आन्दोलन रोक देने के कारण गांधी जी के प्रति जनता और राष्ट्र के नेता क्षुब्ध हैं, यह देखकर उस प्रभावशाली नेता को जेल भेजने का निश्चय सरकार ने किया।

10 मार्च 1922 को गांधी जी को गिरफ़्तार किया गया और उन पर सरकार के विरुद्ध द्वेष फैलाने का अभियोग लगाया गया। अहमदाबाद की अदालत में मुकदमा चला। गांधी जी ने अपराध स्वीकार करते हुए कहा, "इस शासन के विरुद्ध असन्तोष पैदा करना मेरा धर्म है। बुराई से असहयोग करना वैसा ही फ़र्ज़ है जैसा अच्छा से सहयोग।"

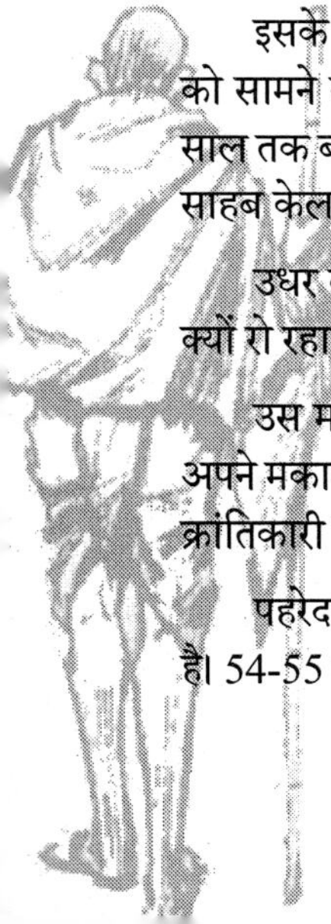

इसके पहले लोकमान्य तिलक को छह वर्ष की सज़ा दी गयी थी। उसी उदाहरण को सामने रखकर न्यायाधीशों ने गांधी जी को भी छह वर्ष की सज़ा सुनाई। अब छह साल तक बाहर रहकर बापू देश को नेतृत्व देने वाले नहीं थे। महादेवभाई रोने लगे। तात्या साहब केलकर उन्हें धीरज बंधा रहे थे। दृश्य बड़ा ही हृदय विदारक था।

उधर बंगाल के एक गांव में एक मकान में एक संतरी रो रहा था। क्यों? वह भला क्यों रो रहा था?

उस मकान में क्रांतिकारी उल्लासकर दत्त रहते थे। अभी-अभी वे जेल से छूटे थे। अपने मकान के पहरेदार को रोते देख वे उसके पास गए। उसके हाथ में एक अख़बार था। क्रांतिकारी दत्त ने उससे पूछा, "क्यों रोते हो?"

पहरेदार ने कहा, "मेरी जाति के एक आदमी को छह वर्ष की सज़ा हुई है। वह बूढ़ा है। 54-55 वर्ष की उसकी उमर है। देखो, इस अख़बार में छपा है।"

अख़बार में गांधी जी के उस ऐतिहासिक मुकदमे की तफ़सील थी। गांधी जी ने मुकदमे के दौरान अपनी जाति किसान बतायी थी और धन्धा कपड़े की बुनाई लिखाया था। वह पहरेदार मुसलमान था। वह बुनकर जाति का था। यह ख़बर पढ़कर उसकी आंखें भर आई थी।

क्रांतिकारी दत्त की समझ में सारी बातें आ गई। वह अपने संस्मरण में लिखते हैं, "हम कैसे क्रांतिकारी हैं? सच्चे क्रांतिकारी तो गांधी जी हैं। सारे राष्ट्र के साथ वे एकरूप हुए थे। मैं किसान हूं, मैं बुनकर हूं, --- यह उनका शब्द राष्ट्रभर में पहुंच गया होगा। करोड़ों लोगों को यही लगा होगा कि हममें से ही कोई जेल गया। जनता से जो एकरूप हुआ, जनता से जिसने संपर्क जोड़ा, वही विदेशियों के बन्धन से देश को मुक्त कर सकता है। उस सच्चे महान क्रांतिकारी को प्रणाम!"

चप्पल की मरम्मत

बापू साबरमती आश्रम में थे। मीरा बहन ने देखा कि उनकी एक चप्पल टूटी हुई है। वे उसे लेकर आश्रम के फाटक के बाहर बैठने वाले मोची के पास ले गईं। चप्पल मोची को मरम्मत के लिए देकर जब वे लौटीं, तो उन्होंने देखा कि बापू चप्पल को ढूंढ़ रहे हैं। बापू ने मीरा बहन से पूछा, "तुमने क्या मेरी चप्पल कहीं देखा है?"

मीरा बहन ने बताया, "वह मोची के पास है।"

बापू ने व्यंग्य से पूछा, "क्या तुमने मोची के पैसे तय किए हैं या यह उम्मीद कर रही हो कि महात्मा के नाम पर वह मुफ़्त में काम कर देगा?"

मीरा बहन ने बताया, "वह आठ आने लेगा।"

बापू गुस्सा हो गए, "न तो तुम और न तो मैं ही एक पैसा कमाता हूं। फिर यह ख़र्च कौन उठाएगा? चप्पल वापस ले आओ।"

मीरा बहन भाग कर मोची के पास गईं। उसे सारी बातें बताईं। चप्पल वापस मांगा। जब मोची को मालूम हुआ कि वह चप्पल बापू की है, तो वह बहुत ख़ुश हुआ। कहने लगा, "अरे! यह चप्पल बापू की है! मेरे लिए यह ख़ुशी की बात है। मैं इस चप्पल को बिना पैसे लिए बना दूंगा।"

"नहीं-नहीं, यह चप्पल वापस कर दो, बापू ने कहा है।"

"नहीं, मैं इसे न दूंगा। इसी बहाने मुझे महात्मा जी की सेवा का एक अवसर मिल रहा है। आप वह मुझसे मत छीनिए।"

मोची चप्पल वापस करने को राज़ी नहीं था। हार कर मीरा बहन ने कहा, "इसकी आज्ञा के लिए तुम्हें अभी मेरे साथ बापू के पास चलना होगा।"

मीरा बहन उस मोची को लेकर बापू के पास आई। बापू कुछ अंगरेज़ आगंतुक के साथ बैठे थे। मीरा बहन ने बापू को सारी बात बताई। बापू का मूड बदल गया। उन्होंने मीरा बहन की अनदेखी करते हुए मोची से हंस कर कहा, "अगर तुम सचमुच मेरी सेवा करना चहते हो, तो क्यों नहीं मेरे शिक्षक बन जाते और मुझे जूते-चप्पल सीने का काम सिखा देते?"

मोची बेहद ख़ुश हुआ। बापू ने उसे अपनी जगह पर बैठाया और वहीं उसी समय चप्पल की मरम्मत करना सीखने लगे और मेहमानों से बातें भी करते रहे।

प्रत्येक कार्य भगवान की पूजा

बात 1917 की है। साबरमती आश्रम अभी-अभी शुरू हुआ था। गांधी जी का देश में उन दिनों उतना नाम नहीं था। दक्षिण अफ़्रीका में सत्याग्रह का उनका प्रयोग सफल रहा था। दक्षिण अफ़्रीका से जब वे भारत लौटे तो उनके राजनीतिक गुरु गोपालकृष्ण गोखले ने सलाह दी कि पहले भारत को समझने के लिए सारा भारत घूमो। भारत के विभिन्न भागों में घूमकर उन्होंने साबरमती के तट पर आश्रम बनाकर साधना करना आरंभ किया था।

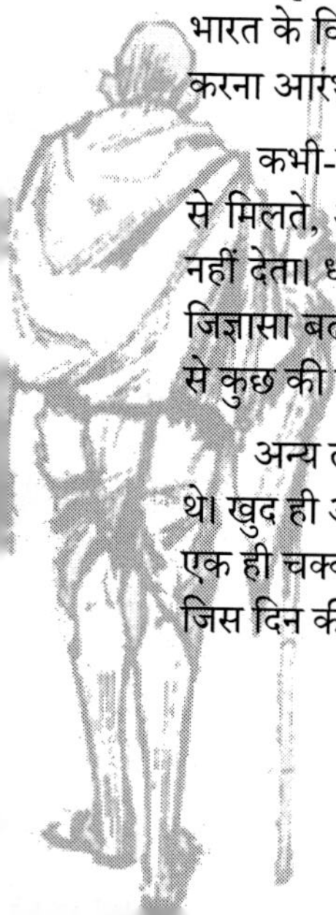

कभी-कभार वे अहमदाबाद के बार रूम चले जाते। वहां वकीलों और अन्य लोगों से मिलते, आश्रम की कुछ चर्चाएं किया करते। गांधी जी की ओर कोई खास ध्यान नहीं देता। धीरे-धीरे कुछ वकीलों में गांधी जी और उनके आश्रम के बारे में जानने की जिज्ञासा बढ़ती गई। गांधी जी के पास आश्रम में कुछ काम मांगने और करने की उनमें से कुछ की इच्छा हुई।

अन्य लोगों के साथ, एक दिन बापू आश्रम के काम में व्यस्त थे। बापू तो कर्म योगी थे। खुद ही अपना सारा काम किया करते थे। गांधी जी और विनोबा भावे जी साथ-साथ एक ही चक्की पर बैठकर अनाज पीसते थे। स्वावलंबन के अनूठे मिसाल थे वे। लेकिन जिस दिन की घटना है उस दिन पिसाई नहीं, अनाज सफ़ाई चल रही थी। सफ़ाई हो जाने

के बाद पिसाई होना था। गांधी जी, विनोबा जी और अन्य कई लोग अनाज साफ़ कर रहे थे।

जिन वकीलों की ऊपर चर्चा की गई है, उनमें से कुछ वकील लोग आश्रम आए। उनके बैठने के लिए खजूर की चटाई बिछाई गई। गांधी जी ने उन्हें आमंत्रित करते हुए कहा, “आइए-आइए, बैठिए।”

उनमें से एक वकील बोला, “हम बैठने नहीं आए हैं। हम आपके आश्रम का कुछ-न-कुछ काम करने के विचार से आए हैं।”

गांधी जी ने प्रसन्नता से कहा, “ठीक है। बड़ी ख़ुशी की बात है।” इतना कहकर दो-तीन थालियों में अनाज लेकर उन वकीलों के सामने रख दिया और बोले, “यह अनाज साफ़ कीजिए। और हां अच्छी तरह से साफ़ कीजिएगा।”

एक वकील चौंक कर बोला, “हम क्या यह ज्वार-बाजरा साफ़ करते बैठेंगे?”

गांधी जी बोले, “जी हां! इस समय तो यही कम चल रह है।”

क्या करते बेचारे? वे तो सफ़ेदपोश लोग थे। अनाज साफ़ करने लगे। कुछ देर बाद नमस्कार कर चले गए। फिर दोबारा आश्रम में कोई काम मांगने नहीं आए।

गांधी जी का मानना था कि सेवा का हर काम पवित्र काम है। हर काम में अपनी आत्मा उड़ेल दो। कर्म को ठीक से करना, यही परमेश्वर की पूजा है। यही मोक्ष है।

शिक्षा का अनुकरण सच्ची उपासना

एक बार गांधीजी को एक पत्र मिला, जिसमें लिखा था कि शहर में गांधी मंदिर की स्थापना की गई है, जिसमें प्रतिदिन उनकी मूर्ति की पूजा-अर्चना की जाती है। यह जानकर गांधीजी परेशान हो उठे। उन्होंने लोगों को बुलाया और अपनी मूर्ति की पूजा करने के लिए उनकी निंदा की। इस पर उनका एक समर्थक बोला, 'बापू जी, यदि कोई व्यक्ति अच्छे कार्य करे तो उसकी पूजा करने में कोई बुराई नहीं है।'

उस व्यक्ति की बात सुनकर गांधीजी बोले, 'भैया, तुम कैसी बातें कर रहे हो? जीवित व्यक्ति की मूर्ति बनाकर उसकी पूजा करना बेढंगा कार्य है।'

इस पर वहां मौजूद लोगों ने कहा, 'बापूजी हम आपके कार्यों से बहुत प्रभावित हैं। इसलिए यदि आपको यह सम्मान दिया जा रहा है तो इसमें ग़लत क्या है।'

गांधीजी ने पूछा, 'आप मेरे किस कार्य से प्रभावित हैं?'

यह सुनकर सामने खड़ा एक युवक बोला, 'बापू, आप हर कार्य पहले स्वयं करते हैं, हर जिम्मेदारी को अपने ऊपर लेते हैं और अहिंसक नीति से शत्रु को भी प्रभावित कर देते हैं। आपके इन्हीं सद्गुणों से हम बहुत प्रभावित हैं।'

गांधीजी ने कहा, 'यदि आप मेरे कार्यों और सद्गुणों से प्रभावित हैं तो उन सद्गुणों को आप लोग भी अपने जीवन में अपनाइए। तोते की तरह गीता-रामायण का पाठ करने के बदले उनमें वर्णित शिक्षाओं का अनुकरण ही सच्ची पूजा-उपासना है।'

इसके बाद उन्होंने मंदिर की स्थापना करने वाले लोगों को संदेश भिजवाते हुए लिखा कि आपने मेरा मंदिर बनाकर अपने धन का दुरुपयोग किया है। इस धन को आवश्यक कार्य के लिए प्रयोग किया जा सकता था। इस तरह उन्होंने अपनी पूजा रुकवाई।

डर और राम नाम

यह किस्सा गांधी जी के बचपन का है। रात बहुत अंधेरी काली थी और बालक मोहन बहुत डरा हुआ था। हमेशा से ही उसे भूतों से डर लगता था। वह जब भी अंधेरे में अकेला होता उसे लगता की कोई भूत आस-पास है और कभी भी उसपे झपट पड़ेगा। और आज तो इतना अंधेरा था कि कुछ भी साफ नहीं दिख रहा था, ऐसे में बालक मोहन को एक कमरे से दूसरे कमरे में जाना था।

वह हिम्मत करके कमरे से निकला, पर उसका दिल जोर-जोर से धड़कने लगा और चेहरे पर डर के भाव पूरी तरह छा गए। घर में काम करने वाली रम्भा वहीं दरवाजे पर खड़ी यह सब दृश्य देख रही थी।

"क्या हुआ बेटा?" उसने हंसते हुए पूछा।

"मुझे डर लग रहा है दाई।" मोहन ने उत्तर दिया।

"डर, बेटा किस चीज का डर ?"

"देखिये कितना अंधेरा है ! मुझे भूतों से डर लग रहा है!" मोहन सहमते हुए बोला।

रम्भा ने प्यार से मोहन का सर सहलाते हुए कहा, "जो कोई भी अंधेरे से डरता है वो मेरी बात सुने। राम जी के बारे में सोचो और कोई भूत तुम्हारे निकट आने की हिम्मत नहीं करेगा। कोई तुम्हारे सर का बाल तक नहीं छू पायेगा। राम जी तुम्हारी रक्षा करेंगे।"

रम्भा के शब्दों ने मोहन को हिम्मत दी। राम नाम लेते हुए वो कमरे से निकला, और उस दिन से मोहन ने कभी खुद को अकेला नहीं समझा और भयभीत नहीं हुआ। उसका विश्वास था कि जब तक राम उसके साथ हैं उसे डरने की कोई ज़रुरत नहीं।

इस विश्वास ने गांधी जी को जीवन भर शक्ति दी, और अन्त समय में भी उनके मुख से राम नाम ही निकला।

गांधी जी की सीख

कलकत्ता में हिन्दू- मुस्लिम दंगे भड़के हुए थे। तमाम प्रयासों के बावजूद लोग शांत नहीं हो रहे थे। ऐसी स्थिति में गांधी जी वहां पहुंचे और एक मुस्लिम मित्र के यहां ठहरे। उनके पहुचने से दंगा कुछ शांत हुआ लेकिन कुछ ही दोनों में फिर से आग भड़क उठी। तब गांधी जी ने आमरण अनशन करने का निर्णय लिया और 31 अगस्त 1947 को अनशन पर बैठ गए। इसी दौरान एक दिन एक अधेड़ उम्र का आदमी उनके पास पहुंचा और बोला, "मैं तुम्हारी मृत्यु का पाप अपने सर पर नहीं लेना चाहता, लो रोटी खा लो।"

और फिर अचानक ही वह रोने लगा, "मैं मरूंगा तो नर्क जाऊंगा!!"

"क्यों ?" गांधी जी ने विनम्रता से पूछा।

"क्योंकि मैंने एक आठ साल के मुस्लिम लड़के की जान ले ली।"

"तुमने उसे क्यों मारा ?" गांधी जी ने पूछा।

"क्योंकि उन्होंने मेरे मासूम बच्चे को जान से मार दिया ।" आदमी रोते हुए बोला।

गांधी जी ने कुछ देर सोचा और फिर बोले, "मेरे पास एक उपाय है।"

आदमी आश्चर्य से उनकी तरफ देखने लगा।

"उसी उम्र का एक लड़का खोजो जिसने दंगो में अपने मात-पिता खो दिए हों, और उसे अपने बच्चे की तरह पालो। लेकिन एक चीज सुनिश्चित कर लो की वह एक मुस्लिम होना चाहिए और उसी तरह बड़ा किया जाना चाहिए।", गांधी जी ने अपनी बात ख़त्म की।

हिन्दी और बापू

4 फरवरी 1916 को बनारस हिन्दू विश्वविद्यालय का उद्घाटन हुआ। कार्यक्रम में वायसराय उपस्थित थे।

दरभंगा के राजा सर रामेश्वरसिंह भी अध्यक्षता में संपन्न समारोह में मालवीयजी के विशेष आग्रह पर बापू ने भाषण दिया। मंच पर मौजूद एनी बेसेंट को गांधीजी की बातें आपत्तिजनक महसूस हुईं और वे मंच से उतरकर चली गईं।

गांधीजी ने कहा कि इस पवित्र नगरी में महान विद्यापीठ के प्रांगण में अपने देशवासियों से एक विदेशी भाषा में बोलना शर्म की बात है। समारोह में जिन लोगों ने गांधी से पूर्व अंग्रेजी में अपना भाषण पेश किया था, उन लोगों को शायद ही यह अनुभव था कि विदेशी भाषा में बोलना शर्म सरीखा है।

इस मौके पर आगे गांधीजी ने कहा कि हमारी भाषा पर हमारा ही प्रतिबंध है और इसलिए यदि आप मुझे यह कहें कि हमारी भाषाओं में उत्तम विचार अभिव्यक्त किए ही नहीं जा सकते, तब तो हमारा संसार से उठ जाना अच्छा है।

गांधी ने वहां मौजूद लोगों से सवाल किया कि क्या कोई स्वप्न में भी यह सोच सकता हैकि अंग्रेजी भविष्य में किसी दिन भारत की राष्ट्रभाषा हो सकती है।

श्रोताओं ने कहा- नहीं, नहीं। यह उत्तर सुनकर गांधीजी ने पूछा, फिर राष्ट्र के पैरों में यह बेड़ी क्यों? हिन्दी हमारी राष्ट्रभाषा है।

पुन्नीलाल नाई और गांधी जी

बात 1939 की है। उस समय गांधी जी देश के ही नहीं सारे विश्व के शिखर के नेता थे। ऐसे में भी वे साधारण से साधारण लोगों को भी प्रोत्साहित करने का कोई मौक़ा वे नहीं चूकते थे। ऐसा भी नहीं कि वे यह सब दिखावे के लिए करते थे। यह सब उनकी जीवन शैली के अंग थे। तभी तो वे कहते थे कि, "मेरा जीवन ही मेरा संदेश है"!

उन दिनों गांधी जी इलाहाबाद में थे। आनंद भवन में ठहरे थे। अवसर था, कमला नेहरू स्मारक औषधालय का शिलान्यास का। बात 23 नवम्बर 1939 की है। गांधी जी को दाढ़ी बनवाने के लिए एक नाई की ज़रूरत थी। जवाहरलाल नेहरू जी के निजी सचिव उपाध्याय जी ने एक नाई को बुलवाया। उस नाई का नाम पुन्नीलाल था। उपाध्याय जी ने उन्हें गांधी जी के पास जाने के पहले खादी के कपड़े पहनने के लिए दिया। जल्दबाजी

में किए गए इस काम के कारण कपड़े पुन्नीलाल को फिट नहीं आ रहे थे, फिर भी उन्हें पहनकर पुन्नीलाल खाफ़ी ख़ुश था।

वह आनंद भवन की दूसरी मंजिल पर पहुंचा। वहां गांधी जी अखबार पढ़ रहे थे। नाई को देखकर बोले, "अरे, तुम आ गए! तुम अच्छा बाल-दाढ़ी बनाते हो न?"

नाई ने विनम्रता से मुस्कुराते हुए हां में सिर हिलाया। उसने पहले गांधी जी के बाल बनाए फिर दाढ़ी बनाने लगा। इस दौरान गांधी जी उसके साथ हंसी-मज़ाक़ करते रहे। बोले, "लगता है कि तुम हमेशा खादी पहनते हो।"

पुन्नीलाल मासूमियत से बोला, "नहीं। ये कपड़े तो मैंने आज ही पहने हैं।"

उसका सच बोलना गांधी जी को बहुत अच्छा लगा। इस बीच उपाध्याय जी भी वहां आ गए थे। उन्होंने गांधी जी की दाढ़ी बनाते हुए पुन्नीलाल का फोटो खींचा। दाढ़ी-बाल बन चुका था। गांधी जी को प्रणाम कर पुन्नीलाल जाने लगा। बापू ने उसके कंधे पर हाथ रखकर कहा, "तुम अच्छा बाल बनाते हो।"

चुन्नीलाल ने भोलेपन से कहा, "तो मुझे सर्टीफिकेट दीजिए।"

बापू ने कहा, "जब तक तुम अच्छा काम करते रहोगे, तब तक सर्टीफिकेट की ज़रूरत ही क्या है?"

लेकिन पुन्नीलाल तो पीछे ही पड़ गया। उसकी हठ के आगे गांधी जी राज़ी हो गए। उपाध्याय जी से काग़ज़ मंगवा कर गांधी जी ने लिखा,

आनंद भवन, इलाहाबाद

भाई पुन्नीलाल ने बड़े भाव से अच्छी तरह मेरी हजामत की है। उनका उस्तरा देहाती है और बग़ैर साबुन के हजामत करते हैं।

मो.क. गांधी

23.11.1939

पुन्नीलाल की ख़ुशी का ठिकाना न रहा। उसे तो लगा कि दुनिया की सबसे क़ीमती चीज़ उसके हाथों में है। जवाहरलाल जी ने उसे दो रुपए दिए। उपाध्याय जी से फोटो तो मिला ही। एक भाई उसे सौ रुपए देने लगा। पुन्नीलाल ने लेने से मना कर दिया। बोला, "यह फोटो और यह प्रशस्तिपत्र मेरे लिए अनमोल हैं। और मुझे कुछ नहीं चाहिए। मेरा मेहनताना दो रुपए थे, वह तो नेहरू जी ने मुझे दे ही दिया है।"

बेटी से नाराज़ बापू

11 वर्षीय एक दलित लड़की लक्ष्मी को बापू ने बेटी के रूप में अपनाया था। आश्रम में हर किसी के लिए सूत कताई की न्यूनतम मात्रा तय थी। प्रत्येक शाम की प्रार्थना सभा में दिनभर काते हुए सूत की मात्रा की घोषणा की जाती थी। उसे रजिस्टर में दर्ज़ किया जाता था। एक दिन यह पता लगा कि लक्ष्मी दूसरे के सूत चुराकर अपने काते गए सूत में मिला देती थी।

इस मामले पर बापू के कमरे में बैठक हुई। उस बैठक में आश्रम के प्रबंधक मगनलाल भाई, महादेव देसाई, देवदास गांधी और मीरा बहन उपस्थित थे। बापू नाराज़ से ज़्यादा उदास दिख रहे थे। फिर भी वे संयत थे। उन्होंने गंभीर आवाज़ में कहा, "इस लड़की के लिए हर चीज़ का त्याग कर सकता हूं। स्वराज का खेल गेंद के खेल जैसा है। कभी एक टीम जीतती है, तो कभी दूसरी। किसी की जीत-हार से कोई ख़ुशी या दुख नहीं होता, लेकिन मेरी संतान कोई ग़लत काम करती है, तो मेरा ख़ून सूख जाता है। लक्ष्मी मेरी पहली बेटी है। मैं उसे बहुत प्यार करता हूं। लेकिन वह मुझे निराश करती रही है। मैं सोच नहीं सकता कि वह ऐसा कैसे कर सकती है।"

मगनलाल गांधी ने बापू को सांत्वना देने की कोशिश करते हुए कहा, "बापू वह एक बच्ची है।"

बापू ने कहा, "इसीलिए बात और बुरी है। बड़े लोग अगर बुरा आचरण करें, तो मुझे उतना बुरा नहीं लगेगा। लेकिन बच्चे तो मासूम होते हैं। वे मेरा विश्वास तोड़ते हैं, तो मुझे पीड़ा होती है। लक्ष्मी! इतनी छोटी उम्र में पाप!"

कोई कुछ नहीं बोला। सभी बापू की आंखों में उभरी पीड़ा स्पष्ट देख रहे थे। बापू बोलते रहे, "पहले तो मुझे उसे छड़ी से पीटने का ख्याल आया। फिर मैंने सोचा कि उपवास पर चला जाऊं। लेकिन और विचार करने पर मैंने तय किया कि अगर मैं उपवास पर गया, तो आश्रम में माहौल बिगड़ेगा। इस लड़की के ख़िलाफ़ गुस्सा और भी बढ़ेगा। नहीं, मैं उपवास पर जाने की घोषणा नहीं कर सकता।"

बापू देवदास की तरफ़ मुड़े और बोले, "तुम्हारी बात वह मानती है। उसे यहां ले आओ।"

देवदास के जाने के बाद कमरे में ख़ामोशी छाई रही। वहां का वातावरण बोझिल था। ऐसा लग रहा था कि बापू किसी फैसले पर पहुंच गए हैं। बापू ने कहा, "मैं खुद उससे निबटूंगा। जब तक वह मेरी बात सुनती है और झूठ नहीं बोलती तब तक उम्मीद बाक़ी है। मुझे विश्वास है कि बुरे से बुरे बच्चे को भी अपने जैसा बना सकता हूं। अगर लक्ष्मी

अच्छी नहीं बनती, तो मैं कैसे बन पाऊंगा? मुझे उसके तार से अपने तार जोड़ने ही होंगे। अगर वह बुरी बनी रहती है, तो मैं भी अपने ह्रदय की बुराई से पार नहीं पा सकूंगा।"

देवदास को उस लड़की की बांह पकड़कर ज़बरदस्ती बापू की कुटिया में लाना पड़ा। जब उसे उनके कमरे में लाया गया तब वह बुरी तरह डर गई थी। वह रोते हुए बापू के पैरों पर गिर पड़ी। "मुझे मारो मत। मैं फिर कभी ऐसा नहीं करूंगी।"

बापू ने ठंडी आवाज़ में कहा, "इधर आओ सीधी खड़ी हो जाओ।"

"क्या आप मुझे फिर दूधाभाई के पास भेजेंगे?"

"नहीं, मैं तुम्हें तुम्हारे पिता के पास नहीं भेजूंगा।" बापू ने कहा। उनका चेहरा नरम पड़ रहा था, "लेकिन तुम्हें क़सम खानी होगी कि फिर कभी झूठ नहीं बोलोगी और चोरी भी नहीं करोगी। तुम्हें चुराए गए सूत लौटाने होंगे। हर दिन ढ़ाई हजार।"

लक्ष्मी ने वैसा ही किया।

बा का मन

बात फिनिक्स आश्रम की है। एक दिन सवेरे के भोजन के बाद क़रीब ग्यारह बजे रावजी भाई मणिभाई पटेल और गांधी जी खाने के टेबुल पर बैठे थे। जब सब खा लेते थे तब गांधी जी अपना खाना शुरू करते थे। गांधी जी भोजन कर रहे थे और उनके पास उनके परिवार के एक बुजुर्ग कालिदास गांधी बैठे थे। बा खड़ी-खड़ी रसोई घर में सफ़ाई का काम कर रही थीं। दक्षिण अफ़्रीका में एक मामूली व्यापारी के यहां भी रसोईघर का काम और सफ़ाई के लिए नौकर रहते थे। यहां उन्होंने बा को काम करते देखा तो उन्हें आश्चर्य हुआ। उन्होंने गांधी जी से कहा, "भाई, तुमने तो जीवन में बहुत हेर-फेर कर डाला। बिल्कुल सादगी अपना ली। इन कस्तूरबाई ने भी कोई वैभव नहीं भोगा।"

बापू ने खाते-खाते जवाब दिया, "मैंने इसे वैभव भोगने से रोका कब है?"

यह सुनकर बा ने हंसते हुए ताना मारा, "तो तुम्हारे घर में मैंने क्या वैभव भोगा है?"

गांधी जी ने उसी लहजे में हंसते-हंसते कहा, "मैंने तुझे गहने पहनने से या अच्छी रेशमी साड़ी पहनने से कब रोका है, और जब तूने चाहा तब तेरे लिए सोने की चूड़ियां भी बनवा लाया था न?"

बा कुछ गंभीर होकर बोलीं, "तुमने तो सभी कुछ लाकर दिया, लेकिन मैंने उसका उपयोग कब किया है? देख लिया कि तुम्हारा रास्ता जुदा है। तुम्हें तो साधु-संन्यासी

बनना है। तो फिर मैं मौज-शौक मनाकर क्या करती? तुम्हारी तबीयत को जान लेने के बाद मैंने तो अपने मन को मना लिया।"

बा के इस कथन में- "मैंने तो अपने मन को मना लिया" उनके सम्पूर्ण जीवन की सफलता की कूंजी है। बा बापू की साधना और उनके महाव्रतों के पालन में कभी भी बाधक नहीं बनीं। उलटे धीरे-धीरे वे बापू के व्रतों, आदर्शों और सिद्धांतों को अपनाती गईं और उनपर आचरण किया। बा की महात्वाकांक्षा बापू की तरह अपने जीवन को पूर्ण बनाने की नहीं थी। उनका एक सहज स्वभाव था बापू के अनुकूल होकर रहने का। अपनी इच्छा-अनिच्छा का त्याग करके अनेक कठिनाइयों और परिवर्तन को सहकर पति के रास्ते चलना आसान नहीं है। इसके लिए बहुत बड़े आत्म-बल और अद्भुत समर्पण की भावना ज़रूरी है। बा में ये दोनों बातें थीं।

रेल के तीसरे दर्ज़े में

नील साहबों के आतंक को समझने के लिए गांधी जी चंपारण आना चाहते थे। उस वक़्त आचार्य जे.बी. कृपलानी जी मुज़फ़्फ़रपुर के कॉलेज में पढ़ाते थे। गांधी जी से उनका परिचय था। लिहाजा गांधी जी ने कृपलानी जी को पत्र लिखकर अपने आने का कारण और समय बताया। चूंकि बिहार में कृपलानी जी ही उनके जानने वाले थे, इसलिए गांधी जी ने उनसे मुज़फ़्फ़रपुर रेलवे स्टेशन पर मिलने को कहा।

कृपलानी जी और उनके अनुयायी छात्र ट्रेन के रुकने पर गांधी जी को ढूंढ़ने लगे। उनकी कल्पना में गांधी जी प्रथम श्रेणी से उतरते हुए विशिष्ट व्यक्तियों की तरह होने चाहिए थे। पर गांधी जी तीसरे दर्ज़े में एक आम आदमी की तरह खादी वस्त्र में थे। जो छात्र गांधी जी को तलाश रहे थे, वे अचरज में पड़ गए जब एक साधारण दिखने वाले व्यक्ति ने अपना परिचय गांधी के रूप में दिया।

आम आदमी जैसे दिखने वाल इस राजनेता ने अपने थोड़े दिनों के प्रवास में नील साहबों का आतंक खत्म कर दिया। आम जनता को भय मुक्त कर दिया। आम आदमी जैसे दिखने वाले गांधी जी ने यह सब किया अहिंसा और सत्य के सहारे। अपनी राजनीति को उन्होंने कसौटी पर कसा।

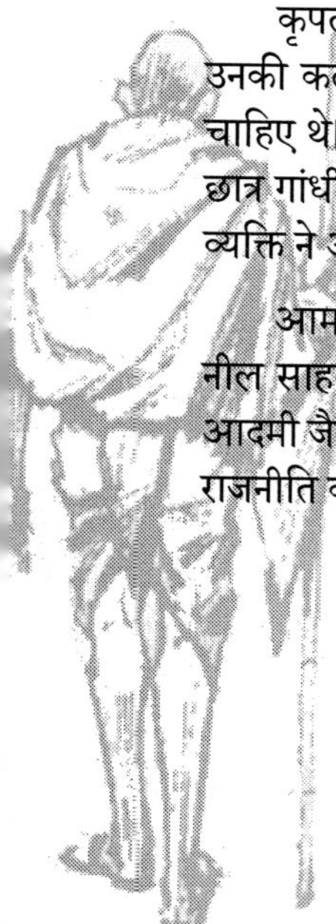

भूल सुधार

यह घटना दिसम्बर 1938 की है। सेवा ग्राम में स्काउटों की कवायद का कार्यक्रम रखा गया था। बापू के हाथों झंडा फहराया जाना था। झंडा फहराते समय बापू ने देखा कि झंडे के प्रतीक के साथ अंग्रेजी में लिखा गया।

बापू ने कहा, "मैं यह तो समझ ही नहीं सकता। अंग्रेजी भाषा ने हमारे दिल और दिमाग में ऐसा स्थान प्राप्त कर लिया है कि हम अपने झंडे के सम्बन्ध में भी अंग्रेजी के बिना काम नहीं चला सकते। यदि हम हिन्दी में लिखते तो क्या इस झंडे का महत्व कम हो जाता? मुझे यदि मालूम होता कि झंडे पर अंग्रेजी में लिखा है तो मैं यहां आना स्वीकार ही न करता। मेरी बात समझ में आ गई हो तो अभी से यह भूल सुधार डालोऔर हिन्दी में लिखवा लो।

बापू की सरलता

गांधी जी महान नेता थे। उनका जीवन बहुत ही सादा व सरल था। वे कभी भी अपने आपको बहुत बड़ा या महान व्यक्ति नहीं समझते थे।

एक गांधी जी पूर्वी बंगाल की यात्रा पर थे। एक दिन उन्हें नाव से लोहागंज जाना था। अत: नाव का प्रबन्ध किया गया। नाव एक जमींदार की थी। गांधी जी मालीकुण्डा से लोहागंज चले। मार्ग में उस जमींदार का घर भी पड़ता था। गांधी जी का उस कस्बे में रुकने का कोई कार्यक्रम नहीं था। गांव के समीप जब नाव आयी तो वह जमींदार नदी के किनारे हाथ जोड़कर खड़ा हो गया। गांधी जी ने नाव रुकवाई और पूछा- 'क्या बात है?'

इस पर वह बोला- 'घर की कुछ महिलायें आपके दर्शन करना चाहती हैं। यदि आप घर चलें तो बहुत अच्छा होगा।'

गांधी जी के साथ जा रहे एक व्यक्ति को यह बात अच्छी नहीं लगी। वह तपाक से बोला- 'आप लोगों ने पहले अनुमति क्यों नहीं ली? ऐसे हर जगह नाव रोकना व हर किसी से मिलना गांधी जी के लिए सम्भव नहीं। गांधी जी बहुत बड़े नेता हैं। वे बहुत व्यस्त हैं। इसलिए मिलने नहीं आ सकते।'

यह सुनकर गांधी जी मुस्कराये और बोले- ' नहीं भाई, नहीं! मुझे मिलने में कोई आपत्ति नहीं ? यदि मेरे ही देश महिलायें मुझसे मिलना चाहती हैं तो मैं क्यों न मिलूं

? उसमें मान-सम्मान का प्रश्न ही नहीं है, ऐसा कहकर गांधी जी ने नाव रुकवाई और महिलाओं से मिलने गये।

उनकी सरलता देखकर सब आश्चर्यचकित हो गये।

बापू का आशीष

महादेव हिंगोरानी नाम का एक बालक रात में बहुत डरता था। उसके लिए भली-भांति से सकना कठिन था। उसके पिता श्री आनन्द हिंगोरानी का गांधी जी के प्रति स्नेह और आदर भाव था वे उनके साथ भी रहे थे। उन्होंने अपनी परेशानी एक दिन बापू से कही।

बापू ने तुरन्त महादेव को पत्र लिखा, "चिरंजीव महादेव, तुम्हारे पिता का कहना है कि तू रात को बहुत डरता है। रात में क्यों डरना ? ईश्वर रात में सोता नहीं है, हम सोते हैं। जब हम नींद में होते हैं तब ईश्वर जागते हुए लगातार हमारी देखभाल करता है। राम का नाम लेकर सोना और अब फिर कभी मत डरना। बापू का आशीष। "

जब यह पत्र महादेव के पिता को प्राप्त हुआ तो वह और उनकी पत्नी अत्यन्त प्रसन्न हुए। उन्होंने महादेव का पत्र पढ़कर सुनाया और कहा कि, बापू ने तुम्हें लिखा है कि " तुम अब बिल्कुल न डरना।" बापू की बातों को सुनकर महादेव की हिम्मत बंधी। बाद में बच्चे को अपनी डरने की समस्या से मुक्ति मिल गयी।

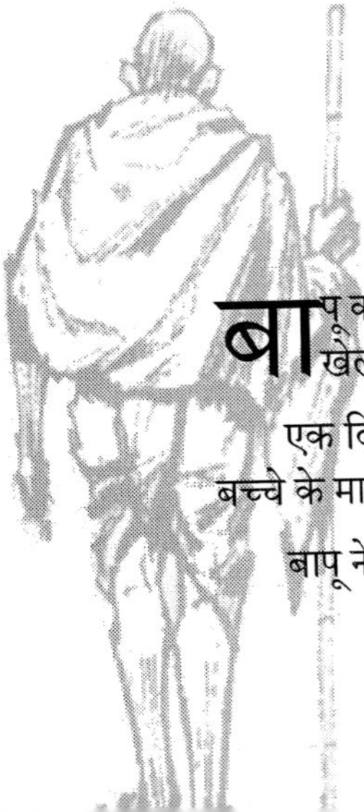

अच्छा आचरण

बापू का बच्चों के प्रति प्रेम किसी परिचय का मोहताज नहीं था। वे बच्चों के साथ खेलते और उन्हें खूब हंसाते थे।

एक दिन एक बच्चे ने बापू को पागल कह दिया। बापू बड़ी जो से हंसे, परन्तु उस बच्चे के माता-पिता जो उसे गांधी जी निकट ले गए थे, बहुत लज्जित हुए।

बापू ने बच्चे से पूछा कि उसने उन्हें पागल क्यों कहा ?

बच्चे ने कहा कि एक बार जब वह अकेले कुछ खा रहा था तब उसकी मां ने उसे पागल कहा था। उसने बापू को पागल इसलिए कहा कि बापू भी अकेले-अकेले कुछ खा रहे थे। यह सुनकर बापू और जोर से हंसे और उन्होंने उस बच्चे से कहा कि उसने सही कहा है। इसके बाद बापू ने उसे एक फल खाने के लिए दिया किन्तु उसने फल लेने से इन्कार कर दिया।

बापू ने कहा, " अरे तुम फल क्यों नहीं ले रहे हो। " उसने कहा कि उसकी मां ने उसे दूसरों से कोई भी वस्तु लेने से मना किया है।

बापू ने कहा, " हां, एकदम सही, नहीं लेना चाहिए। मगर जब बार-बार कहा जाय तब जरूर ले लेना चाहिए। "

उसकी मां ने जब उससे फल लेने को कहा तब उसने फल खुश होकर ले लिया।

यदि हमें बच्चों को अच्छे आचरण की शिक्षा देनी है तो हमें उनके सामने स्वयं भी अच्छा आचरण धारण करना होगा।

त्याग की सीख

उडुपी कर्नाटक राज्य में है। बापू यहां पहुंचे तो उनके स्वागत में एक सम्मान पत्र पढ़ा गया।

यह सम्मान-पत्र हिन्दी में था। इसे एक छोटी-सी लड़की ने पढ़ा। उसका नाम था निरूपमा। निरूपमा ने इसे इतने सही ढंग से पढ़ा कि बापू अत्यन्त प्रसन्न हुए। उन दिनों कर्नाटक में हिन्दी का प्रचार बहुत कम था।

निरूपमा सम्मान-पत्र पढ़ चुकी तो बापू की दृष्टि उसके गहनों की ओर गई। उन्होंने कहा, "बेटी, क्या तुम अपने कुछ गहने मुझे दोगी?"

निरूपमा संकोच में पड़ गई। वह कुछ न बोली। पर बापू तो उससे गहना चाहते थे। उन्होंने फिर गहनों को मांगा। निरूपमा ने बेमन से अपने कंगन और हार उतार कर दे दिया।

बापू ने देखा कि निरूपमा खुशी से दान नहीं कर रही है और उसके चेहरे पर उदासी है। वह उसके पिता से बोले, "निरूपमा का मन गहनों में लगा है, इसलिए मैं इन्हें नहीं लूंगा।"

और उन्होंने हार और कंगन निरूपमा के माता-पिता को दे दी।

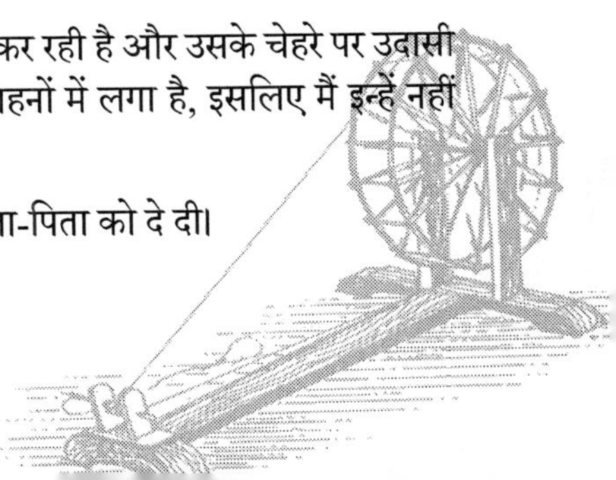

घर आकर माता-पिता ने कहा, " तुमने थोड़े से गहनों के लिए अपने प्यारे बापू को निराश कर दिया। "

निरूपमा को लगा कि उससे बहुत बड़ी भूल हुई है। उसे बापूके मांगने पर एक दो क्या सभी गहने दे देने चाहिए थे।

वह माता-पिता के साथ बापू के पास आई। उसने अपने कंगन और हार देते हुए कहा, " बापू इसे ले लीजिए।"

बापू हंस पड़े, " ले सकता हूं, पर तुम मुंह बना लोगी।"

निरूपमा भी हंस पड़ी, "आप इसे ले लीजिए, मैं मुंह नहीं बनाऊंगी।"

"वादा करती हो?"

"वादा करती हूं। "

"पर मुझे कैसे मालूम होगा कि गहने देने के बाद तुम दु:खी नहीं हुई।"

"निरूपमा ने विश्वास भरे स्वर में कहा, आप इन्हें ले लीजिए। मैं आपके पास रहूंगी जिससे आपको विश्वास हो जाय कि मैं दु:खी नहीं हूं।"

बापू ने गहने ले लिए। निरूपमा दो दिन बापू के साथ रही। वह इन दो दिनों में बापू के साथ रहते हुए बहुत प्रसन्न दिखाई दे रही थी।

सभी बच्चे अपने प्यारे बापू का कहना मानते थे। बापू भी बच्चों के रूठने पर उन्हें मनाना और प्रेम से हर बात सिखाना जानते थे।

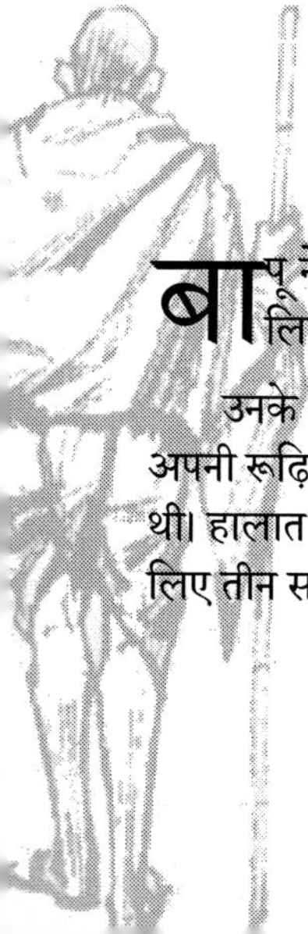

हरिजनों के लिए उपवास

बापू ने अछूतों के लिए चन्दा मांगते हुए सारे देश में भ्रमण किया। वे हरिजनों के लिए कुएं, मकान बनवाते तथा सुविधाएं जुटाने में आजीवन लगे रहे।

उनके अथक प्रयासों और प्रयत्नों से हरिजनों की दशा में कुछ सुधार भी हुआ। पर अपनी रूढ़िवादी मान्यताओं में जकड़े कट्टर हिन्दुओं के मन में अब भी उनके लिए घृणा थी। हालात यहां तक पहुंची कि बापू ने हरिजनों के प्रति अच्छा व्यवहार किये जाने के लिए तीन सप्ताह तक उपवास करने का निश्चय किया।

यह बात सन् 1933 की है। उन दिनों बापू लेड़ी ठाकर्सी के 'पूर्ण कुटी' नाम के बंगले में ठहरे हुए थे। उन्होंने इसी स्थान पर रहकर इक्कीस दिन तक उपवास करने की बात पर विचार किया।

उनके उपवास की बात, देश के एक कोने से लेकर दूसरे कोने तक बहुत जल्दी फैल गई। देश के लोग उनके इस निश्चय से डर गए। बड़े-बड़े नेता और अन्य लोग दौड़ते आए। देश-विदेश से हजारों पत्र और तार आए, जिन में बापू से प्रार्थना की गई थी कि वह उपवास न करें।

बापू बूढ़े हो गये थे। देश की आजादी के लिए दिन-रात मेहनत कर रहे थे। इस पर भी वे थके-बूढ़े शरीर को पूरे इक्कीस दिन बिना भोजन के रखना चाहते थे। लोगों को डर था कि बापू के लिए यह उपवास एक अत्यन्त कठिन और असहज होगा और ऐसा भी हो सकता है कि लोगों को उनका विछोह सहना पड़े।

पर बापू अपने निर्णय से टले नहीं। वे जियेंगे या मरेंगे उससे वे बेपरवाह थे। वे सत्य के उपासक थे इसके लिए वे अपने प्राण भी दे सकते थे। उन्होंने एक बार यदि कोई प्रतिज्ञा कर ली तो उसे निभाना भी सीखा था।

उपवास प्रारंभ करने की पूर्व संध्या पर एक हरिजन लड़का बापू से मिलने आया। बापू जरूरी कामों में लगे रहे इसलिए वह घंटों बाहर बैठा प्रतीक्षा करता रहा। वह लड़का छह माह पूर्व भी बापू के पास आया था। उसने बापू से पढ़ाई के लिए कुछ धन दिए जाने के प्रार्थना की थी। बापू ने उसे वादा किया था कि अगर वह परीक्षा पास कर लेगा और हेड मास्टर से प्रमाण-पत्र लाएगा तो उसे मदद दी जायेगी।

आज वही लड़का बापू से मिलने के लिए बाहर बैठा था।

बापू के सचिव महादेव भाई ने कहा, "बापू एक हरिजन लड़का काफी देर से बाहर बैठा है। वह आपसे मिलना चाहता है ?"

बापू ने कहा, " इस समय मुझे एक मिनट की भी फुर्सत नहीं है। वह लड़का क्यों मिलना चाहता है?"

"वह सिर्फ एक मिनट बात करना चाहता है। आपने उससे कुछ वादा किया था, उसी के लिए वह मिलना चाहता है।"

बापू ने लड़के को अन्दर बुलाया। हरिजन बालक ने आकर बापू के चरणों में फूल चढ़ाए और प्रणाम करके बैठ गया।

बापू उसे देखते ही पहचान गए और बोले, "तुम्हें मदद मिलेगी। मैं इसके लिए दूसरे आदमियों को लिख दूंगा। "

"लेकिन मुझे दूसरे आदमियों पर विश्वास नहीं है। " लड़का गम्भीरता से बोला।

"क्यों ?" बापू ने आश्चर्य से पूछा।

"इसलिए कि आपको भी दूसरों पर विश्वास नहीं है।"

"क्या मतलब ? " बापू ने पूछा।

लड़का फफक कर रो पड़ा, "आपने ही तो कहा है कि आप के साथी पवित्र नहीं है। आपके आस-पास पवित्रता नहीं है। इसीलिए आप उपवास करके प्राण छोड़ने जा रहे हैं।"

बापू एक क्षण के लिए अवाक् रह गए।

लड़का रोते हुए बोला, "मैं अपने लिए मदद लेने नहीं, आपको उपवास से रोकने आया हूं। आखिर आप हम अनाथों को छोड़कर क्यों जा रहे हैं ?"

बापू ने मुस्कराकर लड़के की पीठ थपथपाई और बोले, "तुम यह क्यों कहते हो कि मैं तुम्हें छोड़कर जा रहा हूं ? भाई मैं कहीं नहीं जाऊंगा।"

लड़के की आंखों में आंसू भर आए। उसने कहा, "हमें यह कैसे विश्वास हो कि आप मुझे छोड़कर नहीं जाएंगे।"

"तुम विश्वास करो।" बापू ने कहा। पर लड़के को विश्वास नहीं हुआ।

बापू बोले, "अच्छा आओ। हम लोग आपस में एक वादा कर लें। मैं तुम्हें विश्वास दिलाता हूं कि मैं इक्कीस दिन उपवास के बाद भी जिन्दा रहूंगा, पर तुम्हें भी एक वादा करना होगा।"

"वह क्या ?" लड़के ने पूछा।

"वह यह कि उपवास के समाप्त होने पर 29 मई के दिन तुम नारंगी लेकर आना। मैं उसी का रस पीकर उपवास तोडूंगा। "

लड़के की आंखें खुशी से चमक उठी। उसने कहा, "यह ठीक रहेगा।"

बापू हंस पड़े, "अच्छा, तो तुम अपने वादे पर कायम रहोगे न। "

"जी हां।" कहर हरिजन लड़का खुशी-खुशी चला गया।

इसके बाद बापू ने इक्कीस दिन का उपवास किया। देश के सभी लोग उनकी जिन्दगी के लिए भगवान से प्रार्थना करते रहे। भगवान ने यह प्रार्थना सुनी। उपवास 29 मई को सकुशल समाप्त हुआ।

उपवास समाप्त हो चुका था। बापू उस हरिजन लड़के की प्रतीक्षा कर रहे थे, जिसने एक नारंगी लेकर आने का वादा किया था। बापू के आस-पास इकट्ठे सभी लोग उस लड़के की प्रतीक्षा में बेचैन थे, पर वह न आया। समय व्यतीत हो रहा था। आखिर में

विवश होकर लेडी ठाकर्सी ने अपने हाथ से संतरे के रस का गिलास बापू को दिया। बापू ने उसे पीकर अपना उपवास तोड़ा।

सभी सोच रहे थे कि वह हरिजन लड़का क्यों नहीं आया ? उसने अपना वादा तोड़ दिया ?

कुछ दिनों बाद वह लड़का आया। बापू के सचिव महादेव भाई ने उसे देखते ही कहा, "उस दिन तो तुम खूब आए।"

लड़के ने लज्जित होकर कहा, "उस दिन मुझे कुछ देर हो गई थी।"

"क्यों ? "

"मैं एक जगह काम करता हूं। वहां से समय पर छुट्टी नहीं मिली।"

"तो तुम छुट्टी मिलते ही आ जाते।"

"आया तो था, लेकिन तब मुझे अन्दर नहीं जाने दिया गया।"

महादेव भाई को आश्चर्य हुआ कि जिस लड़के की प्रतीक्षा बापू स्वयं कर रहे हों, उसे कोई कैसे रोक सकता है।

उन्होंने कहा, "देखो भाई सच-सच बताओ। मुझे लगता है कि तुम कुछ छिपा रहे हो।"

लड़के ने अटकती आवाज में कहा, "सच बात यह है कि मैं उस दिन नहीं आया था।"

"क्यों ?"

"इसलिए कि मेरा साहस टूट गया था। मुझे विश्वास ही न हुआ कि इतने बड़े-बड़े लोगों के सामने बापू मुझ हरिजन लड़के के हाथ से सन्तरे का रस लेंगे, ऐसा सोचते हुए उस समय मेरे हाथ-पैर कांप रहे थे।"

महादेव भाई को उस लड़के का उत्तर सुनकर बड़ा दु:ख हुआ। उन दिनों हरिजनों को इतना सताया और दबाया जाता था कि वे किसी बड़े आदमी के सामने जाने से भी हिचकिचाते थे।

बापू ने उस लड़के को धन की मदद दिला दी। उन्हें भी लड़के की बात सुनकर अत्यन्त पीड़ा हुई।

अच्छाई सीधा रखने में

यह घटना यरवदा जेल की है। यरवदा जेल में गांधी जी एक पट्टे का तकिया लगाकर बैठते थे। इस पट्टे को वह दीवार से सीधा लगाकर रखते थे।

एक दिन गांधी जी के सचिव महादेव भाई ने उनसे कहा, बापू यदि आप पट्टे को कोण बनाकर रखें तो वह गिरेगा भी नहीं और आराम भी अधिक मिलेगा।

गांधी जी ने हंसते हुए कहा, "आराम तो मिलेगा पर अच्छाई तो सीधा रखने में ही है। इससे कमर और रीढ़ सीधी रहती है।"

यह नियम है कि किसी वस्तु को सीधा रखे तो उसके सहारे सभी वस्तुओं को सीधा रहना पड़ेगा और यदि टेढ़ा रखो तो फिर दोषों को इसमें प्रवेश करने की जगह मिल जाती है।

कोई काम छोटा नहीं

दिल्ली में हरिजन निवास का प्रसंग है। वहां की उद्योगशाला के तीन विद्यार्थी शाक-सब्जी, छील-काट रहे थे। गांधी जी वहां से गुजरते हुए वहां खड़े हो गए। एक लड़के के हाथ से चाकू लेकर समझाने लगे सब्जी का छिलका इस तरह नहीं इस तरह उतारा जाता है। उसका तरीका गलत था। वह छिलका अपनी ओर न उतार कर बाहर की तरफ उतार कर फेंक रहा था। गांधी जी को उसी समय एक आवश्यक कार्य से बाहर भी जाना था।

"बापू इस तरह शाक-सब्जी की छीलने-काटने को सिखाने में, हमारे जाने में देर हो जाएगी, हमें वहां ठीक समय पर पहुंचना है।" महादेव भाई ने कहा।

"महादेव यह भी एक महत्वपूर्ण काम है। यह कोई छोटा काम नहीं है। हम जिन्हें छोटा काम समझते हैं, यदि हम इसको सही तरीके से करें तो ऐसे ही छोटे-छोटे कामों की बुनियाद पर हम मजबूती से खड़े रह सकते हैं।" गांधी जीने दृढ़ता के साथ कहा।

गांधी जी का हरिजन प्रेम

बात सेवा ग्राम आश्रम की है। बापू का भोजन गोविन्द नाम का एक हरिजन बनाया करता था। एक दिन वह बापू के पास आया और बोला, "बापू मैं वर्धा जाना चाहता हूं।"

बापू ने पूछा, "वर्धा में क्या काम है ?"

"मुझे बाल बनवाना है।"

"क्या इस गांव में नाई नहीं है?"

गोविन्द ने दु:खी स्वर में कहा, "गांव में हरिजन नाई नहीं है और ऊंची जातिके नाई हमारा बाल नहीं बनाते।"

बापू ने कहा, "यदि वे तुम्हारा बाल नहीं बना सकते तो मैं भी उनसे बाल नहीं बनवाऊंगा।"

उसी दिन से बापू ने नाई से अपने बाल बनवाना बन्द कर दिया। वे दाढ़ी अपने हाथ से बनाते थे। उनके सिर के बाल बढ़ते तो आश्रम का कोई भाई उन्हें कैंची से काट देता।

बापू ऐसे थे, जो हरिजनों के प्रति गहरी सहानुभूति में बड़े से बड़ा कष्ट उठाने के लिए सदा तत्पर रहते थे। आराम की जो वस्तुएं हरिजनों के लिए सुलभ नहीं थी उन्हें बापू अपने लिए नहीं चाहते थे।

संयम का पाठ

प्रसंग 1926 का है। गांधी जी दक्षिण भारत की यात्रा पर थे। उनके साथ अन्य सहयोगियों के अलावा काकासाहेब कालेलकर भी थे। वे सुदूर दक्षिण में नागर-कोइल पहुंचे। वहां से कन्याकुमारी काफ़ी पास है। इस दौरे के पहले के किसी दौरे में गांधी जी कन्याकुमारी हो आए थे। वहां के मनोरम दृष्य ने उन्हें काफ़ी प्रभावित किया था। गांधी जहां ठहरे थे, उस घर के गृह-स्वामी को बुलाकर उन्होंने कहा, "काका को मैं कन्याकुमारी भेजना चाहता हूं। उनके लिए मोटर का प्रबंध कर दीजिए।'

कुछ देर के बाद उन्होंने देखा कि काकासाहेब अभी तक घर में ही बैठे हैं, तो उन्होंने गृहस्वामी को बुलाया और पूछा, "काका के जाने का प्रबंध हुआ या नहीं?"

किसी को काम सौंपने के बाद उसके बारे में दर्याफ़्त करते रहना बापू की आदत में शुमार नहीं था। फिर भी उन्होंने ऐसा किया। यह स्पष्ट कर रहा था कि कन्याकुमारी से गांधी जी काफ़ी प्रभावित थे। स्वामी विवेकानन्द भी वहां जाकर भावावेश में आ गए थे और समुद्र में कूद कर कुछ दूर के एक बड़े पत्थर तक तैरते गए थे।

काकासाहेब ने बापू से पूछा, "आप भी आएंगे न?"

बापू ने कहा, "बार-बार जाना मेरे नसीब में नहीं है। एक दफ़ा हो आया इतना ही काफ़ी है।"

इस जवाब से काकासाहेब को दुख हुआ। वे चाहते थे कि बापू भी साथ जाएं। बापू ने काकासाहेब को नाराज देख कर गंभीरता से कहा, "देखो, इतना बड़ा आंदोलन लिए बैठा हूं। हज़ारों स्वयंसेवक देश के कार्य में लगे हुए हैं। अगर मैं रमणीय दृश्य देखने का लोभ संवरण न कर सकूं, तो सबके सब स्वयंसेवक मेरा ही अनुकरण करने लगेंगे। अब हिसाब लगाओ कि इस तरह कितने लोगों की सेवा से देश वंचित होगा? मेरे लिए संयम रखना ही अच्छा है।"

मां की सीख

महात्मा गांधी जी बचपन से ही सत्य और अहिंसा का पालन करते थे। कभी झूठ नहीं बोलते थे, कभी गलत काम नहीं करते थे। ये बातें उन्होंने अपनी मां से सीखी थीं। जानते हैं उन्होंने एक बार मां को भी सच का पाठ पढ़ाया था।

2 अक्टूबर, 1869 को करमचंद गांधी के घर पुत्र का जन्म हुआ। शिशु का नाम मोहनदास रखा गया। उसकी मां पुतलीबाई प्यार से मोहन को मोनिया कहकर पुकारतीं। मोहन भी अपनी मां को बहुत चाहता था। मां की हर बात ध्यान से सुनता और उसे पूरा करने की कोशिश करता।

बचपन से मोहन की बुद्धि बहुत तेज थी। वह सवाल पूछ-पूछ कर मां को परेशान कर डालता। मोहन के घर में एक कुआं था। कुएं के चारों ओर पेड़-पौधे लगे हुए थे। कुएं के कारण बच्चों को पेड़ पर चढ़ना मना था। मोहन सबकी आंख बचा, जब-तब पेड़ पर चढ़ जाता। एक दिन उसके बड़े भाई ने मोहन को कुएं के पास वाले पेड़ पर चढ़े देखा। उन्होंने मोहन से कहा- "मोहन, तुझे पेड़ पर चढ़ने को मना किया था। पेड़ पर क्यों चढ़ा है, चल नीचे उतर।"

"नहीं, हम नहीं उतरेंगे। हमें पेड़ पर मजा आ रहा है।"

क्रोधित भाई ने मोहन को चांटा मार दिया रोता हुआ मोहन मां के पास पहुंचा और बड़े भाई की शिकायत करने लगा।

"मां, बड़े भइया ने हमें चांटा मारा। तुम भइया को डांटो।"

मां काम में उलझी हुई थी। मोहन मां से बार-बार भाई को डांटने की बात कहता गया। तंग आकर मां कह बैठी- "उसने तुझे मारा है न? जा, तू भी उसे मार दे। मेरा पीछा छोड़, मोनिया। तंग मत कर।"

आंसू पोंछ मोहन ने कहा- "यह तुम क्या कह रही हो, मां? तुम तो कहती हो अपने से बड़ों का आदर करना चाहिए। भइया मुझसे बड़े हैं। मैं बड़े भइया पर हाथ कैसे उठा सकता हूं? हां तुम भइया से बड़ी हो। तुम उन्हें समझा सकती हो कि वह मुझे न मारें।"

मोहन की बात सुन, मां को अपनी भूल समझ में आ गई। हाथ का काम छोड़, मां ने मोहन को सीने से चिपटा लिया। उनकी आंखों से खुशी के आंसू बह चले- "तू मेरा राजा बेटा है, मोनिया। आज तूने अपनी मां की भूल बता दी। हमेशा सच्चाई और ईमानदारी की राह पर चलना, मेरे लाल।"

अपने से अधिक दूसरों का ध्यान

बापू के अनुयायियों ने गांधी सेवा संघ नामक संस्था बनाई थी। इस संस्था की सभा एक बार कर्नाटक के हुदली गांव में हुई। गांव के बाहर पहाड़ियों की तलहटी में लोगों के रहने और सभा करने का इंतजाम था। अचानक जोरों से बरसात शुरू हो गई। तम्बुओं में पानी टपकने लगा और लोगों का वहां रहना मुश्किल हो गया। निकट ही हुदली गांव में लोगों के ठहरने का इंतजाम किया गया और रात में लोग वहां रहने के लिए जाने को तैयार हो गए।

जब लोगों ने बापू से गांव में चलने के लिए कहा तो वे बोले, " मैं अभी नहीं जाऊंगा। पहले और सब लोगों के ठहरने का इंतजाम कर लीजिए।"

सभी बापू की बात मानकर गांव चले गए। रात में बरसात होती रही। सुबह उठने पर लोगों को मालूम हुआ कि बापू ने सारी रात पहाड़ियों की तलहटी में ही काटी है, वे गांव नहीं आए। सभा स्थल में ही टीन लगाकर किसी प्रकार उनकी चारपाई को भीगने से बचाया गया।

ऐसे थे बापू जो अपने शरीर एवं जीवन की सुरक्षा से अधिक दूसरे के जीवन की सुरक्षा का ध्यान रखते थे।

सेवा करना भी सीखो

बात सन् 1939 की है। गर्मी के दिन थे। ग्राम (वर्धा) में गर्मी बहुत पड़ती है। दोपहर का समय था। बापू भोजन करने के बाद नियमानुसार लेटे-लेटे चिट्ठियां पढ़ रहे थे। बापू की भक्त अमतुस्सलाम बहन बापू को पंखे से हवा कर रही थी। बापू को नींद आ गयी। वे गहरे नींद में सो गए।15-20 मिनट के बाद उस महिला को भी नींद आने लगी,तो जरा झुक कर तकिए के सहारे बैठे-बैठे वे हवा करने लगी।

थोड़ी देर में उस महिला को भी नींद ने अपने आगोश में ले लिया। हाथ से पंखा छूट गया और बापू पर जा गिरा। पंखा गिरने से बापू की नींद खुल गयी। देखा कि उस महिला को नींद आ गयी है। बापू ने गिरा हुआ पंखा अपने हाथ में ले लिया और उस महिला को हवा करने लगे। ठंडी हवा लगने से उस महिला को अच्छी नींद आ गई। थोड़ी देर बाद जब उस महिला की नींद खुली तो वे देखती क्या है कि बापू उस पर पंखे से हवा कर रहे हैं।

ऐसे थे बापू जो सेवा करवाने के साथ सेवा करना भी जानते थे।

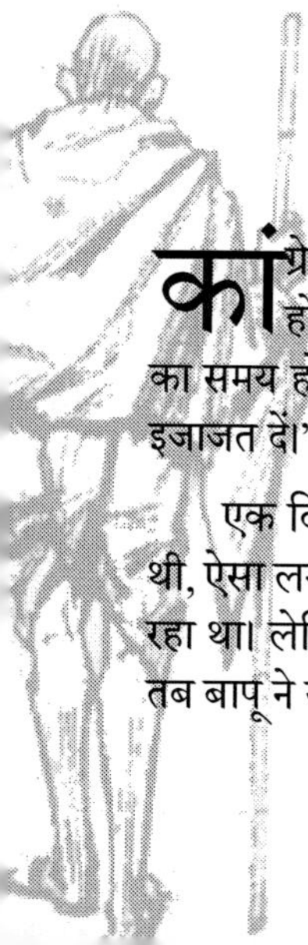

समय की पाबंदी

कांग्रेस वर्किंग कमेटी की मीटिंग चल रही थी। बैठक के बीच प्रार्थना का समय होने पर बापू यह अनुरोध करते थे, " आप लोग मुझे क्षमा करें। शाम की प्रार्थना का समय हो रहा है, मुझे ठीक समय पर वहां पहुंच जाना चाहिए, आप लोग जाने की इजाजत दें।"

एक दिन कांग्रेस वर्किंग कमेटी की बैठक में अत्यंत गंभीर मुद्दे पर चर्चा चल रही थी, ऐसा लगा कि आज बापू प्रार्थना में नहीं जा सकेंगे। उन्हें हर कोई खबर देने में झिझक रहा था। लेकिन बापू से जब किसी तरह यह कहा गया कि प्रार्थना का समय हो रहा है तब बापू ने यह सुनते ही प्रार्थना में जाने की इजाजत ले ली।

बापू से कहा गया, "आज आप थोड़ी देर और बैठ कर चर्चा समाप्त करके ही प्रार्थना में जाते तो.........? "

"बात ठीक है", मैं तो महात्मा ठहरा, इसलिए हो सकता है कि प्रार्थना में देरी के लिए कोई कारण न पूछे। लेकिन यह बात किसी को चुभे या न चुभे पर मुझे तो चुभेगी ही। वैसे तो हर काम में समय की पाबन्दी रखनी ही चाहिए। लेकिन प्रार्थना के समय की पाबंदी अवश्य रखनी चाहिए।

मेरे दिल में प्रार्थना का जो महत्व है, वह मुझे सभी का समझाना है। लेकिन मैं यह बार-बार उपदेश देरक भी न समझा सकूंगा, यह तो मैं अपने आचरण को दिखा कर ही समझा सकता हूं।

गुणग्राही बनो

यह बात 1942 की है। बापू के एक भक्त सतीशचन्द्र दास गुप्त ने प्रश्न किया, "बापू, आप तो राम के बड़े भक्त हैं, राम के जीवन से आपको बड़ी प्रेरणा मिलती है, ऐसा कहा जाता है। राम ने तो बाली-सुग्रीव के द्वन्द युद्ध के समय धोखे से बाली को मारा था। वे कंचन मृग के पीछे भागे थे, ऐसी कई बातें हैं, फिर भी आप राम को आदर्श क्यों मानते हैं ?"

बापू ने जवाब दिया, "मेरे राम वे नहीं, जिन्होंने बाली-सुग्रीव के युद्ध में बाली को धोखे से मारा था। मेरे राम वे नहीं जिन्होंने मांयामृग के पीछे दौड़ लगाई थी। मेरे राम तो वे हैं जिनको अयोध्या नगरी की गद्दी मिलने वाली थी। परन्तु अपने पिता के वर्षों पहले दिए गए वचन का पालन करने केलिए, जिन्होंने बनवास जाना सहर्ष स्वीकार कर लिया था। मेरे राम वे हैं जिन्हें उनका भाई भरत बुलाने गया और आग्रह किया कि राज्य की गद्दी वे ही संभाले और राजा बने, पर उन्होंने यह स्वीकार नहीं किया। मेरे राम वे हैं जिन्होंने एक धोबी के शब्दों को भी महत्व दिया और निष्कलंक सीता का भी त्याग किया। ऐसे अनेक गुण राम में थे। हमें हमेशा गुण ग्राही बनना चाहिए। पानी मिले दूध से केवल दूध ग्रहण करने वाले हंस की प्रशंसा होती है। हमें अपने में यही शक्ति विकसित करने का प्रयत्न करना है।"

किसी एक ने तो अपना गुस्सा थूका

बात भारत-पाकिस्तान बटवारे के दौरान की है, जब देश में हिन्दू-मुस्लिम दंगे हो रहे थे। तब बापू दंगे शांत कराने को बंगाल गए थे वहां पर आक्रोशित मुसलमान भाइयों को जब गांधी जी समझाने का प्रयास कर रहे थे तो एक मुसलमान ने गांधी जी के मुंह पर थूक दिया।

ऐसा देख कांग्रेस सेवादल के कार्यकर्ताओं ने उसे पकड़ा तो गांधी जी ने कहा कि इन लोगों में गुस्सा है और मुझे ख़ुशी है कि किसी एक ने तो अपना गुस्सा थूका भले ही मेरे मुंह पर ही क्यों न थूका हो।

इतना सुनकर वह मुस्लिम युवक उनके पैरों पर गिर पड़ा और वहां हो रहे दंगे कम हुए।

नववर्षारम्भ नहीं 'निश्चय दिवस'

स्वतंत्रता आन्दोलन के दिनों में हिन्दुस्तान की सामाजिक बुराइयों में में छुआछूत एक प्रमुख बुराई थी जिसके के विरुद्ध महात्मा गांधी और उनके अनुयायी संघर्षरत रहते थे। उस समय देश के प्रमुख मंदिरों में हरिजनों का प्रवेश पूर्णतः प्रतिबंधित था। केरल राज्य का जनपद त्रिशुर दक्षिण भारत की एक प्रमुख धार्मिक नगरी है। यहीं एक प्रतिष्ठित मंदिर है श्री गुरूवायूर मंदिर, जिसमें कृष्ण भगवान के बालरूप के दर्शन कराती भगवान गुरूवायुरप्पन की मूर्ति स्थापित है।

आजादी से पूर्व अन्य मंदिरों की भांति इस मंदिर में भी हरिजनों के प्रवेश पर पूर्ण प्रतिबंध था। मंदिर के पुजारी किसी भी गैर ब्राहमण व्यक्ति को मंदिर में प्रवेश नहीं कराने के पक्ष में रहते थे। हरिजनों के साथ इस भेदभावपूर्ण रवैये के कारण स्थानीय हरिजनों में आक्रोश था परन्तु उनका नेतृत्व संभालने वाला कोई नहीं था। केरल के गांधी समर्थक श्री केलप्पन ने महात्मा की आज्ञा से इस प्रथा के विरुद्ध आवाज उठायी और अंततः इसके लिये सन् 1933 ई0 में सविनय अवज्ञा प्रारंभ की गयी। मंदिर के ट्रस्टियों को इस बात की ताकीद की गयी कि नये वर्ष का प्रथम दिवस अर्थात् 1 जनवरी 1934 को अंतिम निश्चय दिवस के रूप में मनाया जायेगा और इस तिथि पर उनके स्तर से कोई निश्चय न होने की स्थिति मे महात्मा गांधी तथा श्री केलप्पन द्वारा आन्दोलनकारियों के पक्ष में आमरण अनशन किया जा सकता है।

महात्मा गांधी का यह प्रयोग अत्यंत संन्तोषजनक तथा शिक्षाप्रद रहा। उनके द्वारा दी गयी अनशन की धमकी का उत्साहजनक असर हुआ और श्री गुरुवायुर मंदिर के ट्रस्टियो की ओर से बैठक बुलाकर मंदिर के उपासको की राय भी प्राप्त की गयी। बैठक मे 77 प्रतिशत उपासको के द्वारा दिये गये बहुमत के आधार पर मंदिर में हरिजनों के प्रवेश को स्वीकृति दे दी गयी और इस प्रकार 1 जनवरी 1934 से केरल के श्री गुरूवायूर मंदिर में किये गये निश्चय दिवस की सफलता के रूप में हरिजनों के प्रवेश को सैद्धांतिक स्वीकृति मिल गयी।

इस प्रकार महात्मा गांधी की प्रेरणा से जनवरी माह के प्रथम दिवस को निश्चय दिवस के रूप में मनाया गया और किये गये निश्चय को प्राप्त किया गया।

मेरी जगह तुम्हारी जेल में होगी

स्वतंत्रता आन्दोलन की सफलता के फलस्वरूप जब देश से जब अंग्रेज़ों के जाने का समय आ गया था उस समय भी गांधी जी आपने आश्रम में चरखे पर सूत ही कात रहे थे। भारत के भावी प्रधानमंत्री जवाहरलाल नेहरू विभिन्न मुद्दों पर मन्त्रणा करने के लिये गांधी जी के पास पहुंचे तो उन्हें सूत कातता देखकर बोले- बापू ! अब आप चरखा क्यों कात रहे हैं ? देश आज़ाद होने जा रहा है। हम ऐसी केन्द्रीय योजनायें शुरू करेंगे जिनसे लोगों को काम मिलेगा, बड़े बड़े कल कारखाने होंगे भारी मात्रा में उत्पादन होगा और इसके नतीजे में सब लोग सम्पन्न और सन्तुष्ट होंगे। ऐसे में अब चरखे की क्या ज़रूरत है अब तक अंग्रेज़ों के बड़े बड़े कारखाने लगे हैं, कपड़ा मिल लगे हैं, आज़ाद होने पर हम अपने बड़े उद्योग लगायेंगे। ऐसे अल्प उत्पादक और छोटे यंत्रों का अब क्या काम है? अंग्रेज़ी हुकूमत के साथ साथ अब चरखे को भी विदाई दे दीजिये।

यह सुनकर महात्मा गांधी रोष भरे स्वर में बोले - जवाहर! अगर तुम्हारे राज में मेरा चरखा खूंटी पर टंग जायेगा तो मेरी जगह तुम्हारी जेल में होगी।

वास्तव में गांधी का चरखा ग्रामोद्योग का प्रतीक था जिसके माध्यम से वो देश के विकास में भारत के प्रत्येक गांव की भागीदारी सुनिश्चित करना चाहते थे।

थोरो से प्रभावित बापू

गांधी जी हेनरी डेविड थोरो नामक एक अमेरिकी विचारक से प्रभावित थे। थोरो का मानना था कि संसार में स्वविवेक से बड़ा कोई कानून नहीं है। ईश्वर ने मनुष्य को ये शक्ति दी है कि वो अपने विवेक का इस्तेमाल कर सकता है, और इसी सोच के आधार पर उन्होंने अमेरिका में एक बार सिटी टैक्स नहीं देने के लिए लेख लिखा। उनका ऐसा लिखना कानून की निगाह में ज़ुर्म था, लिहाजा उन्होंने अपना ज़ुर्म कबूल करते हुए सजा भी पाई। सजा अपनी जगह थी, लेकिन उनका कहना था कि कोई भी कानून स्वविवेक से बढ़ कर नहीं हो सकता।

थोरो का यही सिद्धांत गांधी जी के लिए सत्याग्रह का विज्ञान बना। गांधी जी ने समझ लिया कि किसी कानून की अवज्ञा नैतिक आधार पर की जा सकती है। हेनरी थोरो ने कहा था- " लोकतंत्र पर मेरी आस्था है, पर वोटों से चुने गये व्यक्ति स्वेच्छाचार करें मैं यह कभी बर्दाशत नहीं कर सकता। राजसंचालन उन व्यक्तियों के हाथ में होना चाहिए जिनमे मनुष्य मात्र के कल्याण की भावना और कर्तव्य-परायणता विद्यमान हो और जो उसकी पूर्ति के लिए त्याग भी कर सकते हों। "

किसी ने कहा- यदि ऐसा न हुआ तो ?'

उन्होंने कहा- " तो हम ऐसी राज्य सत्ता के साथ कभी सहयोग नहीं करेंगे चाहे उसमे हमें कितना ही कष्ट क्यों न उठाना पड़े। "

वे सविनय-असहयोग आंदोलन के प्रवर्तक थे, उनका कहना था- 'अन्याय चाहे अपनें घर में होता हो या बाहर, उसका विरोध करने से नहीं डरना चाहिए और कुछ न कर सको तो भी बुराई के साथ सहयोग तो करना ही नहीं चाहिए।

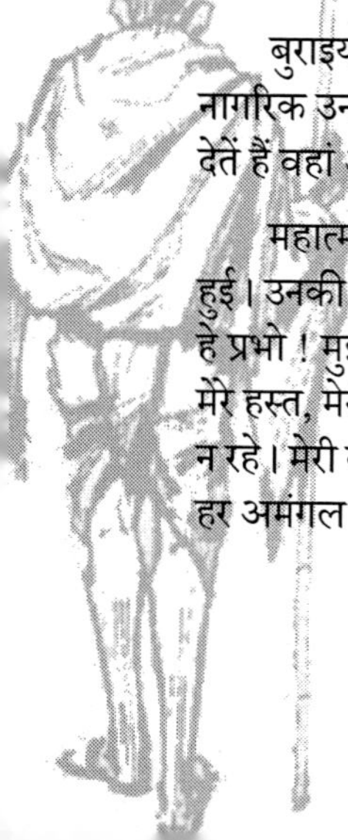

बुराइयाँ चाहे राजनैतिक हों या सामाजिक, नैतिक हों या धार्मिक, जिस देश के नागरिक उनके विरुद्ध खड़े हो जाते हैं, सविनय असहयोग से उसकी शक्ति कमज़ोर कर देतें हैं वहां अमेरिका की तरह ही सामाजिक जीवन में परिवर्तन भी अवश्य होते हैं।

महात्मा गांधी को सविनय अवज्ञा आन्दोलन की प्रेरणा हेनरी डेविड थोरो से प्राप्त हुई। उनकी प्रार्थना को गांधी जी 'प्रार्थनाओं की प्रार्थना ' कहते थे। उनकी प्रार्थना थी- " हे प्रभो ! मुझे इतनी शक्ति दे दो कि मैं अपनें को अपनी करनी से कभी निराश न करूं। मेरे हस्त, मेरी द्रढ़ता, श्रद्धा का कभी अनादर न करें। मेरा प्रेम मेरे मित्रों के प्रेम से घटिया न रहे। मेरी वाणी जितना कहे-- जीवन उससे ज्यादा करता चले। तेरी मंगलमय सृष्टि का हर अमंगल पचा सकूं, इतनी शक्ति मुझ में बनी रहे। "

बापू का राष्ट्रभाषा प्रेम

गांधी जी ने भारत के स्वतंत्रता के लिये सिर्फ जन जागरण अभियान ही नहीं चलाया अपितु राष्ट्रभाषा के रूप में हिन्दी को स्थापित करने में भी अग्रणी भूमिका निभायी थी। भारत आने के बाद 1917 में जब उन्होंने अपनी पहली सत्याग्रह यात्रा चम्पारण से आरंभ की तो इसी दौरान 3 जून को उन्होंने ऐक परिपत्र निकाला था जिसमें हिन्दी की महत्ता के संदर्भ में लिखा था।

हिन्दी जल्दी से जल्दी अंग्रेजी का स्थान ले ले, यह ईश्वरी संकेत जान पड़ता है। हिन्दी शिक्षित वर्गों के बीच समान माध्यम ही नहीं बल्कि जनसाधारण के हृदय तक पहुंचने का द्वार बन सकती है । इस दिशा में कोई देसी भाषा इसकी समानता नहीं कर सकती । अंगेजी तो कदापि नहीं कर सकती।

गांधी जी हिन्दी का मौखिक प्रचार करके ही, राष्ट्रभाषा के रूप में उसकी महत्ता और प्रतिष्ठा बताकर ही चुप नहीं रहे उन्होंने 1918 के ठेठ अंगेजी वर्चस्व के दौरान दक्षिण भारत में हिन्दी का प्रचार करने की व्यवस्था भी की।

इसी वर्ष इन्दौर में गांधी जी की अध्यक्षता में हिन्दी साहित्य सम्मेलन आयोजित हुआ और उसी में पारित एक प्रस्ताव के द्वारा हिन्दी राजभाषा मानी गयी। इस प्रस्ताव के स्वीकृत होने के बाद दक्षिण भारत में हिन्दी के प्रचार प्रसार के लिये दक्षिण भारत हिन्दी प्रचार सभा की भी स्थापना हुई जिसका मुख्यालय मद्रास में था।

महात्मा गांधी जी के इस अभिनव प्रयास के उपरांत ही हिन्दी क्षेत्रीयता के कंटीले तारों की बाढ़ को पार कर उन्मुक्त आकाश में विचरण करने के लिये पंख फड़फड़ाती दिखी जो आज तक जारी है।!

अपना काम अपने हाथ

मगनवाड़ी आश्रम में तेल पेरा जाता था। यहां एक तेल की घानी थी। तेल पेरने के लिए पहले तिल की सफाई की जाती थी। तिल की सफाई का काम बा के जिम्मे था।

एक दिन बा तिल साफ कर रही थी। तिल में बहुत कूड़ा-कचरा था। कचरा निकालते-निकालते उनकी आंखों में पीड़ा होने लगी। उन्होंने आश्रम के एक आदमी से

अपनी पीड़ा के बारे में कहा। उसने तिल साफ करने के लिए एक मजदूरिन बुला दी। वह थोड़े पैसे लेकर तिल साफ करने के लिए तैयार थी।

मजदूरिन तिल साफ करने लगी। तभी बापू सामने से गुजरे, उन्होंने मजदूरिन को देखा। वह पास आए। उन्होंने पूछा, "इस बहन को यहां किसने बुलाया ?"

" मैंने। " आश्रम के एक आदमी ने कहा।

"क्यों ? मैंने यह काम तो बा और दूसरी बहनों को सौंपा था।"

" बा की आंखें दुखने लगीं। तिल में बारीक कचरा है। वह बा को दिखाई नहीं पड़ता।"

बापू ने कहा, "ठीक है, तो मैं सारा काम छोड़कर पहले यह तिल साफ करूंगा।"

और बापू सूप लेकर तिल साफ करने लगे। आश्रम के लोग बापू को तिल साफ देख लजा गए। बा भी दौड़ी आईं और बापू के हाथ से सूप लेकर तिल साफ करने लगी।

अपना काम अपने हाथ से करने का उपदेश देने वाले बापू ऐसे थे।

बापू का हिन्दी प्रेम

बापू ने अपने पौत्र से पूछा, "कनैया, तुम लोग इतनी-सी देर में वर्धा जाकर और बैंक में खाता खोलकर आ भी गए ? "

"जी हां," कनैया ने कहा ।

"अच्छा, जरा यह बताओ तो फार्म भरकर दस्तखत किस भाषा में किए ?"

"बापू फार्म अंग्रेजी में थे, सो हमें लगा कि सिर्फ अंग्रेजी में ही भरने का नियम होगा। मेरी समझ में भी नहीं आया कि फार्म हिन्दी में भी भरे जाते हैं, इसलिए हमने अंग्रेजी में भर दिए।" कनैया ने सच्चाई बताते हुए कहा।

बापू ने समझाते हुए कहा, "इसका अर्थ यह हुआ कि तुम्हारे साथ जिस भाई को भेजा था, उन्होंने भी तुमको यह नहीं समझाया। ठीक है, तुम्हारा कसूर नहीं। अंग्रेजों ने हमारे दिमाग में अंग्रेजी भाषा का भूत बिठा दिया है। हम दूसरी किसी भाषा के बारे में सोच ही नहीं सकते। बैंक वाले भी केवल अंग्रेजी में ही फार्म छपवाते हैं। लेकिन यह मैंने सोचा भी नहीं था कि तुम्हारे साथ जिस अनुभवी भाई को भेजा था, वह भी तुम को इतना नहीं बताएगा। खैर, जो हुआ सो हुआ। आगे ख्याल रखना कि बैंक के साथ प्रांतीय

भाषा में भी व्यवहार कियाजा सकता है। हमें अपनी प्रान्तीय भाषा में ही फार्म भरने और दस्तखत करने चाहिएं। ''

बाद में कनैया को समझ में ये बात आई कि इसी नियम का पालने करते हुए बापू अपने नाम आए चेकों के पीछे दस्तख हिन्दी में ही करते थे।

उपदेश से बेहतर आचरण

बापू अपने पत्रों का उत्तर बोल कर लिखवाते थे, और ये पत्र बापू के पौत्र ''कनैया'' के द्वारा लिखे जाते थे।

''अब जवाहर लाल को खत लिखवाना है बड़ा कागज लाना।'' बापू ने कहा।

कनैया न कहा, ''मैं सादा रफ कागज ले आता हूं।''

''रफ कागज ले आने की कोई जरूरत नहीं है। मैं जवाहर लाल को आज हिन्दी में ही पत्र लिखवाने वाला हूं।'' बापू न कहा।

यह बात1938 की है। बापू बड़े सवेरे दो-ढाई बजे या जब भी उनकी नींद खुल जाती थी, कनैया को उठाते थे और हिन्दी तथा गुजराती पत्रों के जवाब लिखवाते थे, यह पत्र उनका पौत्र सीधे अच्छे कागज या पोस्टकार्ड पर लिख लिया करता था। अंग्रेजी में बापू कभी-कभी ही लिखवाते थे, तब वह उन्हें रफ कागज पर लिख लेता था और बाद में उन्हें टाइप करके बापू को दिया करता था। बापू ने जब जवाहर लाल जी को पत्र लिखवाने के लिए कहा, तब उसने समझा कि बापू अंग्रेजी में लिखवाएंगे, क्योंकि वे उनको पत्र अंग्रेजी में ही लिखवाते थे। इसलिए उसने रफ कागज ले आने की बात कही थी।

''आज हिन्दी में क्यों? रफ कागज ले आने में देर नहीं लगेगी।''

''हां देरी तो नहीं लगेगी, लेकिन अब मुझे लगने लगा है कि जो गुजराती तथा हिन्दी जानते हैं, उनको उनकी भाषा में लिखूं। उनको अंग्रेजी में लिखना अच्छा नहीं है। किसी विचार को मैं अंग्रेजी में लिखकर बताऊं, उससे बेहतर तरीका यही है कि मैं हिन्दी में लिखने की पहल करूं, यही उत्तम होगा।''

''पंडित जी उत्तर अंग्रेजी में देंगे तो ?''

बापू ने कहा, ''तो क्या हुआ ? मुझे इस बात का संतोष होगा कि मुझे जो ठीक लगा, उसकी शुरूआत मैंने कर दी। जवाहर लाल अपना समय बचाने के लिए अंग्रेजी में लिखवाएगा तो उसका दोष नहीं मानूंगा। ''

कुछ दिन में पंडित जी की ओर से बापू को पत्र का जवाब आया। कनैया ने कौतूहलवश वह पत्र झट से खोल डाला। खोलते ही देखा कि उनका जवाब सचमुच हिन्दी में ही आया था । बापू के पास खत ले जाकर फौरन उनको देकर कहा, "बापू आपकी बात सच निकली। "

बापू ने खत हाथ में ले लिया और तुरन्त पढ़कर कहा, "मुझे तो विश्वास था कि जवाहर मुझे हिन्दी में ही लिखेगा। मैं बार-बार कहता हूं कि उपदेश से कई गुना अधिक प्रभाव आचरण का पड़ता है। यह उदाहरण देखा न। "

हिसाब तो हिसाब ही है

यह बात 1940 की है। बापू को बंबई जाना था। स्टेशन आने पर पता चला कि ट्रेन के आने में पौन घंटे की देर है। वर्धा शहर में जमनालाल जी बजाज का बंगला था। उन्होंने बापू से आग्रह कर कहा, "आप यहीं ठहर जाइए। ट्रेन आने पर आपको स्टेशन पहुंचा देंगे।" बापू वहीं ठहर गए। कई लोग मिलने आए उनसे बातें करने लगे।

मुलाकात के बाद दो-तीन खत लिखते थे तो उन्होंने जमनालाल जी से पोस्टकार्ड मांगे, उन्होंने चार-पांच पोस्टकार्ड दिए। बापू ने उनमें से तीन पोस्टकार्ड लिखे, शेष वापस कर दिये।

ट्रेन में अपनी जगह बैठते ही अपनी छोटी थैली मांगी और उसमें से तीन पोस्टकार्ड निकालकर जमनालाल जी की तरफ हाथ बढ़ाया। जमनालाल जी हंसते-हंसते कहा, "आपकी बात तो अजीब-सी है। वैसे तो आप हम से लाखों रुपए मांग लेते हैं और आज तीन पोस्टकार्ड वापस कर रहे हैं।"

"हिसाब तो हिसाब ही है। जो लेता हूं वह दान स्वरूप लेता हूं और आप देते हैं। ये तीन पोस्टकार्ड लिए, वे तो वापस करने की भावना से लिए थे। आपको ये लेने ही पड़ेंगे। हिसाब साफ रहना चाहिए।"

जमनालाल जी ने संकोच के साथ वे पोस्टकार्ड ले लिए।

दूरदर्शी बापू

एक बार की बात है। गांधी जी रेल से यात्रा कर रहे थे। गाड़ी कुछ देर के लिए एक स्टेशन पर रूकी। कुछ लोग उनसे मिलने आए। गांधी जी अभी एक भाई से बातें कर ही रहे थे कि गार्ड ने सीटी दे दी। गाड़ी झटके के साथ चल पड़ी। गांधी जी सम्हले न सम्हले कि उनकी एक चप्पल सरक कर नीचे गिर पड़ी। अब क्या हो?

गांधी जी जानते थे कि जो चप्पल अभी गिरी है अब उन्हें वापस नहीं मिल सकती और जो अकेली चप्पल उनके पांव में रह गई है अब उसका भी कोई उपयोग नहीं है।

गांधी जी ने एक क्षण के लिए विचार किया और दूसरी चप्पल भी वहीं गिरा दी। यह सोचकर कि दोनों चप्प्लें एक साथ किसी को मिलेंगी तो वह उनका उपयोग कर लेगा।

बात छोटी-सी है। हमारे आपके जीवन में भी ऐसी घटनाएं आती हैं परन्तु कोई भी इतनी दूर तक नहीं सोच पाता। गांधी जी सचमुच महात्मा और दूरदर्शी थे।

नियम का पालन

बापू का जीवन कठोर तप का जीवन था। अपने खान-पान और वेशभूषा में वे साधुओं जैसी सादगी रखते थे। अपने साथ रहने वाले लोगों की आवश्यकताओं का ध्यान रखना वे अपना पहला कर्तव्य समझते थे।

बापू के एक सहयोगी भक्त बृजकृष्ण चांधीवाला थे। एक बार बापू ने उनको आश्रम में बुलाया। बृजकृष्ण उन दिनों बीमार थे। वैद्य ने उन्हें मलाई के साथ दवा खाने को बताया था। बापू ने उनसे कहा कि वे कड़ाही लाकर दे दें ताकि मलाई बन सके।

पर बृजकृष्ण कड़ाही नहीं लाए। उन्हें आश्रम में मलाई खाने की बात ठीक नहीं लगी।

एक दिन बापू ने पूछा, " क्यों बृजकृष्ण तुम्हें मलाई मिलती है ? "

बृजकृष्ण संकोच से बोले, "बापू, आश्रम से मलाई बनाने की बात ठीक नहीं मालूम पड़ती। "

बापू ने उन्हें मीठी फटकार लगाई, "यह तुम्हारी मूर्खता है। शरीर के लिए जो वस्तुआवश्यक है उसे खाना धर्म है। तुम आज ही शहर जाकर कड़ाई लाओ। "

बृजकृष्ण अब बापू की बात टाल नहीं सके। वे शहर जाकर कड़ाही ले आए। रात में उनके लिए मलाई तैयार की गई।

बृजकृष्ण को मलाई मिलने लगी यह जानकर बापू बहुत प्रसन्न हुए।

बापू कानियम था कि वह स्वाद के लिए कुछ भी नहीं खाते थे, वे शरीर के लिए जितना और जो आवश्यक हो वहीं वस्तुएं खाते थे। यह नियम आश्रम के सभी लोगों के लिए था। जो लोग इस नियम का पालन नहीं कर पाते थे बापू उन्हें छूट भी दे देते थे।

परहित सर्वोपरि

सेवा ग्राम आश्रम के निकट एक बड़ा नाला था। आश्रम में आने के लिए इस नाले पर छोटे-छोटे पीपों से एक पुल बनाया गया था। इन पीपों में धीरे-धीरे कूड़ा-कचरा भरने और पीपों के चारों ओर कचरा इकट्ठा होने से पानी का बहाव पूरी तरह रूक गया। रूका हुआ पानी गांव में भरने लगा। इस कारण गांव में कई मकान गिरने के हालात में आ गए।

गांव वाले आश्रम में आए और बापू से बोले, “बापू नाले के पुल से हमारे घर बरबाद होने की स्थिति में हैं।”

बापू ने तुरन्त ही एक आदमी को बुलाया और कहा, “ तुम इन भाईयों के साथ जाओ और पानी निकालने का इन्तजाम करो।”

आदमी पुल पर गया। उसने वहां स्थिति को देखा और समझा। इसके बाद इस निर्णय पर पहुंचा कि गांव वालों को पानी से बचाने के लिए पुल तोड़ देना जरूरी है। उसने तुरन्त पुल तोड़ दिया।

पुल तोड़ते ही नाले का रूका हुआ सारा पानी बह गया और गांव के मकान गिरने से बच गए।

वह आदमी वापस लौटा तो बापू ने पूछा, “क्यों गांव वालों की परेशानी दूर हुई ?”

“जी बापू, गांवके घर तो बच गए पर अपना पुल टूट गया।”

बापू ने सारी बात सुनी और हंस कर बोले, “पुल टूट गया तो कोई बात नहीं। गांव के भाईयों के आराम और सुविधा में कोई भी त्याग करना पड़े कम है। ”

इस तरह दूसरों के सुख के लिए खुद बड़ी से बड़ी तकलीफ उठाने को बापू सदैव तैयार रहते थे।

स्वालम्बी बनो

मगनवाड़ी आश्रम का यह नियम था कि यहां रहने वाले सभी लोग, सभी कामों में हाथ बंटाते थे। यहां के सभी काम मशीन की जगह हाथ से करने का नियम था। आश्रम के लोग आटा पीसते, तेल पैरते, कपड़ा बुनते, खेती और बागवानी करते। इन सारे कामों में मशीन के द्वारा कम से कम काम लिया जाता।

आटा पीसने का तरीका था कि सभी लोग बारी-बारी से अपने हिस्से का आटा पीस देते; उसी आटे से रसोईघरमें सबके लिए खाना बनाया जाता था।

एक बार ऐसा हुआ कि कुछ लोग अपने हिस्से का आटा ठीक समय पर नहीं पीस पाए। भंडार में आटा खत्म हो गया। जिन भाई के जिम्मे रसोई का इन्तजाम था वे बापू के पास आए और बोले, "आज आटा नहीं है। कोई पीसने वाला भी नहीं है।"

बापू ने थोड़ी देर सोचा फिर बोले, " चलो मैं तुम्हारे साथ पिसाई करूंगा।"

वह भाई परेशान हो उठे, "बापू आप....।"

"हां, हां, मैं आटा पीसने में कमजोर नहीं हूं।" बापू ने हंसकर कहा।

उन भाई को साथ लेकर बापू चक्की पर जा पहुंचे और आटा पीसने लगे।

ऐसे थे बापू जो अपना काम खुद करने का उपदेश देते थे और समय-समय पर उपदेश न देकर खुद उस काम को करके दिखाते थे।

करुणा के सागर बापू

बापू के साबरमती आश्रम के अनेक लोग रहा करते थे। वे सभी बापू को हृदय से चाहने और मानने वाले थे। बापू के इस आश्रम-परिवार में बच्चे भी थे, जिनकी देखभाल का बापू विशेष ध्यान रखते थे।

बापू का रोगों की रोकथाम के लिए टीका लगाए जाने में विश्वास नहीं था। इसलिए आश्रम के बच्चों को चेचक का टीका नहीं लगवाया गया। एक बार चेचक की बीमारी फैली। आश्रम का एक बच्चा इस रोग से ग्रसित होकर प्राण गंवा बैठा।

बापू को उस बच्चे के मरने से बहुत दु:ख हुआ। उन्होंने सारी रात जागते और विचार करते हुए बिता दी। इसके बाद आश्रम के दो और बच्चे चेचक में चल बसे। बापू की नींद हराम हो गई। वे रात में जागकर सोचने लगे, क्या टीका न लगवाने के कारण ही बच्चों की मृत्यु हुई है ? यदि ऐसा है तो मैं अपने हठ के कारण, भोले-भाले बच्चों की मृत्यु का कारण बना हूं। यह सोचकर उनकी आंखें भर आई और गला रूंध गया।

सुबह उन्होंने आश्रम के सभी लोगों को बुलाया और गम्भीर स्वर में बोले, "मेरा अपना विश्वास तो चेचक का टीका लगवाने में नहीं है, लेकिन मैं अपनी बात मनवाने के लिए लोगों को विवश नहीं कर सकता। इसलिए जो माता-पिता चाहें, अपने बच्चों को टीका लगवा लें।"

आश्रमवासियों ने बापू के कहने पर भी टीका नहीं लगवाया। और रोग धीरे-धीरे शान्त हो गया।

मेहनत की रोटी

एक बार एक नौजवान आश्रम आया। वह बलिया का रहने वाला था। उसका नाम अवधेश था। वह आश्रम के एक भाई से बोला, मैं यहां दो-तीन दिन रहूंगा और आश्रम देखूंगा। मेरे पास खाने-पीने को कुछ नहीं है। इसलिए आश्रम में ही भोजन करूंगा। मुझे बापू से मिलना है।

युवक को बापू के पास ले जाया गया। बापू ने पूछा, "तुम कहां के रहने वाले हो और कहां से आ रहे हो?"

"मैं बलिया का रहने वाला हूं। कराची में कांग्रेस देखने गया था।"

"तुम्हारे पास पैसा नहीं है। तब तुम कराची कैसे गए?"

"बापू जी मैं बेटिकट गाड़ी में बैठ जाता था, कभी पैदल चलता था। रास्ते में मांगते खाते चला गया।"

बापू ने उसकी ओर देखा और दु:खी होकर बोले, "तुम जवान हो, हट्टे-कट्टे हो। फिर भी तुमने भोजन मांगा और बिना टिकट यात्रा की। यह तो भीख और चोरी हुई।"

अवधेश सिटपिटा गया। बापू फिर बोले, "तुम्हारे पास पैसा नहीं था तो कांग्रेस देखने की क्या जरूरत थी? तुमने बिना मेहनत किए रोटी मांग ली यह तो भीख है। हमारे यहां बिना मेहनत किए रोटी नही मिल सकती।"

युवक को बापू की बात समझ में आई। वह बोला, "आप मुझसे काम लीजिए और मुझे खाना दीजिए।"

बापू उसके उत्तर से प्रसन्न हुए। वे प्रेम से बोले, "ठीक है, तुम काम करो। मैं तुम्हें खाना दूंगा और आठ आने रोज मजदूरी भी। जब तुम्हारे पास टिकट के पैसे इकट्ठे हो जाएं तो तुम अपने घर चले जाना।"

अवधेश ने बापू की बात मान ली। वह उसी दिन से आश्रम में काम करने लगा। वह बहुत मेहनती था। वह लगभग डेढ़ महीने आश्रम में रहा। जब उसके पास पैसे इकट्ठे हो गए, तो वह प्रसन्न मन से बापू को प्रणाम कर घर चला गया।

कम-अधिक

महात्मा गांधी इंग्लैण्ड की महारानी से मिलने अपने चिर-परिचित छोटी-सी धोती और सादी चादर में गए थे। इस पर पत्रकारों ने उन्हें घेर लिया और पूछा, "महात्मा जी, आप महारानी से मिलने गए और वह भी इतने कम कपड़े पहनकर! आपको बुरा नहीं लगा क्या ?"

गांधी जी ने कहा, "इसमें बुरा लगने की क्या बात है ? स्वयं महारानी ने ही इतने कपड़े पहन रखे थे कि वे दोनों के लिए काफी थे।"

भारत कोकिला से पहली मुलाकात

महात्मा गांधी से भारत कोकिला सरोजनी नायडू की पहली मुलाकात अगस्त, 1941 को लंदन में हुई थी। जब वह गांधी जी के पास पहुंची, उन्होंने देखा, एक दुबला पतला-सा दिखने वाला आदमी काले कम्बल पर बैठा है और उसके पास प्याले में मसले हुए टमाटर और जैतून का तेल रखा हुआ है। पास ही पिचके हुए डिब्बे में मूंगफली और केले के बेस्वाद बिस्कुट रखे हैं।

यह देखकर सरोजिनी नायडू जोर से हंस पड़ी। हंसी सुनकर गांधी जी ने उनकी ओर देखा और कहा, "शायद तुम सरोजिनी नायडू हो! भला और किसकी हिम्मत हो सकती है इस तरह ठहाका लगाने की। आओ, भोजन करो।"

ऐसी अनोखी थी सरोजिनी नायडू और बापू की पहली मुलाकात।

शांत चित्त

शाम का वक्त था। गांधी जी प्रार्थना कर रहे थे। तभी एक सांप वहां आ गया और उनकी ओर बढ़ने लगा। गांधी जी के साथी घबरा गए। इस हलचल के कारण सांप डर गया और गांधी जी की गोद में चढ़ गया। उन्होंने सबको शांत रहने का इशारा कर प्रार्थना जारी रखी। सांप गोद से उतरा और चुपचाप चला गया।

गांधी जी से लोगों ने पूछा, "सांप के चढ़ने पर आपको कैसा लगा?"

गांधी जी ने उत्तर दिया, "पहले तो मैं घबरा गया, पर बाद में शांत चित्त हो गया। अगर सांप मुझे काट भी लेता, तो मैं कहता कि इसे मत मारो, इसे जाने दो।"

उपहार

गांधी जी को दक्षिणी अफ्रीका के दमनकारी तानाशाह जनरल स्मट्स ने बार-बार जेल भेजा। गांधी जी ने जेल में एक मोची से जूता बनाना सीखा। जब गांधी जी को रिहा किया गया, तो उन्होंने एक पैकेट स्मट्स को भेंट किया।

"क्या इसमें कोई बम है ?" कहते हुए स्मट्स ने पैकेट खोला।

गांधी जी ने कहा, "यह मेरी तरफ से आपको विदाई का उपहार है।" उसमें गांधी जी के बनाए हुए सैंडिल थे।

वर्षों बाद गांधी जी के जन्म दिन पर जनरल स्मट्स ने उन्हें पत्र लिखा- मैंने उन सैंडिलों को गर्मियों के दौरान पहना, हालांकि मैं उन्हें पहनने का पात्र नहीं हूं।

माइनस फोर

महात्मा गांधी गोलमेज सम्मेलन से भारत वापस आ रहे थे। फ्रांस के एक बंदरगाह पर कुछ पत्रकार उनसे मिलने आए।

पत्रकार उस समय फैशनेबल पोशाक 'प्लस फोर' सूट पहने थे, लेकिन गांधी जी धोती पहने हुए थे। पत्रकार उन्हें उस पोशाक में देखकर हैरान रह गए, क्योंकि उन्होंने तो यह कल्पना भी नहीं की थी कि गांधी जी धोती पहने होंगे।

गांधी जी उनकी परेशानी समझ गए और हंसते हुए बोले, "आप लोग फ्रांस की पोशाक 'प्लस फोर' पहने हैं और मैं भारत की पोशाक 'माइनस फोर' पहने हूं।"

पहला गिरमिटिया

महात्मा गांधी ने जब दक्षिण अफ्रीका में अपनी वकालत आरंभ की, तो थोड़े दिन बाद ही एक गिरमिटिया मजदूर, जिसका नाम बालसुंदरम था, बड़ी बुरी हालत में गांधी जी के पास आया। उसके कपड़े फटे हुए थे और सामने के दो दांत टूटे हुए थे। उसके शरीर पर चोटों के निशान थे। यह देखकर गांधी जी को बहुत दु:ख हुआ।

उन्होंने एक गोरे डॉक्टर से उसका इलाज करवाया और उसी डॉक्टर से चोट का प्रमाण-पत्र लेकर मजदूर के मालिक के खिलाफ मुकदमा चलाया। मजदूर को उन्होंने जितवा दिया और इसके साथ ही उसके लिए एक नेक मालिक भी ढूंढकर दिया।

इसके बाद गांधी जी गरीब भारतीय मजदूरों में लोकप्रिय हो गए और उन्हें असहायों के रक्षक के रूप में प्रतिष्ठा मिली।

दूसरों का सुख

महात्मा गांधी साथियों के साथ रेल से यात्रा कर रहे थे। जिस डिब्बे में गांधी जी बैठे थे, उसकी छत थोड़ी टूटी हुई थी। बरसात का मौसम था। जब बारिश शुरू हुई, तो छत टपकने लगी। पानी गिरता देखकर उनके साथियों ने बापू जी का सामान और कागज संभालकर एक ओर रख दिए। अगले स्टेशन पर एक साथी गार्ड के पास पहुंचा और

डिब्बे की हालात बयान की। गार्ड तुरंत डिब्बे से आया और बोला, "बापू जी, आपके लिए दूसरा डिब्बा खाली करवाने का आदेश दिया है। आप उसमें बैठ जाइएगा। "

"और उस डिब्बे के यात्री कहां बैठेंगे ?" गांधी जी ने प्रश्न किया।

"हमारे पास और कोई डिब्बा नहीं है। इसलिए उस डिब्बे के यात्री इस डिब्बे में बैठ जाएंगे।" गार्ड ने कहा।

गार्ड की बात सुनकर बापू बहुत दु:खी हुए और उन्होंने कहा, "मैं सुख से बैठूं और मेरे लिए सुख से बैठे लोग परेशान हों, यह मेरे लिए लज्जा की बात है। पहले वे सुख से बैठेंगे, तब मैं बैठूंगा। मैं उनके डिब्बे में जाऊं, ऐसा कभी नहीं हो सकता। " बापू ने कहा।

गार्ड ने बापू के दृढ़ निश्चय को समझ लिया और क्षमा मांगी।

समर्पण

गांधी जी के मन में माता-पिता और देश के लिए अपना सब कुछ समर्पित करने की भावना कूट-कूट कर भरी थी।

जब वह छोटे थे, तब एक अध्यापक ने सभी से एक प्रश्न पूछा, "तुम अपने माता-पिता के साथ कहीं जा रहे हो और रास्ते में तुम्हें शेर मिल जाए, तो तुम क्या करोगे?"

सभी ने अपने-अपने ढंग से उत्तर दिए, लेकिन एक बच्चे का उत्तर सुनकर हैरानी से उनकी आंखें फैल गईं।

उस बच्चे ने कहा, "मैं शेर से कहूंगा कि वह मुझे खा जाए, पर मेरे माता-पिता को छोड़ दे।" यही बालक आगे चलकर महात्मा गांधी के रूप से सर्वप्रिय बन गया।

अतिथि देवो भव:

सेवाग्राम में बापू की झोपड़ी की ओर जाते समय पहले पहले बा की झोपड़ी पड़ती थी। अक्सर दिन में बा या तो चबूतरे पर बैठी सूत कातती मिलतीं या ऐसा ही कोई काम करती नजर आतीं। किसी नए आने वाले अतिथि को पहले बा के ही दर्शन होते।

बा उसे पहचानती हों या न पहचानती हों, फिर भी बड़े प्रेम से उसका स्वागत करतीं। उनका सीधा सरल प्रश्न होता, कहां से आए हैं? सीधे यहीं आ रहे हैं या वर्धा होकर आए हैं? भोजन हुआ या नहीं? भोजन न किया होता तो भोजन करातीं।

अतिथियों को बापू से तो जिस काम के लिए आए हों उसकी चर्चा करनी होती थी, उनकी दूसरी सारी कठिनाइयां बा ही हल किया करती थीं। सबको पता होता था कि किसी भी तरह की दिक्कत हो तो बा के पास जाना है। वह सबकी छोटी-छोटी जरूरतों का भी ख्याल रखती थीं।

मोतीलाल नेहरू जैसे शाही दस्तरखान पर खाने वाले लोग बा की बदौलत ही कई-कई दिन आश्रम में रह जाते। राजा जी की चाय-कॉफी की चिंता बा के सिवा कौन करता! जवाहर लाल जी के लिए खास जायके वाली चाय बा ही बना देती थीं। आश्रम की रीत थी कि भोजन करने के बाद हर एक व्यक्ति अपनी-अपनी थाली स्वयं मांजता था।

एक दिन एक संभ्रांत महिला आश्रम में आईं। वे और बा साथ-साथ खाने बैठीं। भोजन के बाद हर कोई अपनी-अपनी थाली उठाकर जाने लगा। उस महिला ने कभी बर्तन नहीं मांजे थे। सो, वह असमंजस में थी। उनका भोजन हो चुका था, परंतु वह घबरा रही थीं कि क्या करें। इतने में बा ने धीरे से अतिथि महिला की थाली खींच ली। महिला घबराई और लजाई भी।

परंतु बा ने प्रेम से कहा, 'नहीं बहिन, इसमें लजाने की क्या बात है! तुमने कभी थाली मांजी नहीं, तुमसे नहीं बनेगा। मुझे तो रोज की आदत है, मेरे लिए एक थाली भारी नहीं।'

राष्ट्रभक्ति का जज्बा

गांधीजी का नमक-सत्याग्रह जोरों पर था। लोगों को जबरन जेलों में बंद किया जा रहा था। एक दिन वेदान्तियों का मित्रमंडल रबीन्द्रनाथ ठाकुर से मिलने आया तो एक व्यक्ति बोला- गुरुदेव, इस अंधश्रद्धा से देश को उबार लें, क्या रखा है इस देशभक्ति में? यहां कौन अपना, कौन पराया? यह भूमि जड़ है तो मोह कैसा।

गुरुदेव गंभीर स्वर में बोले-आपकी मां है न?

वह व्यक्ति बोला-हां, है तो....

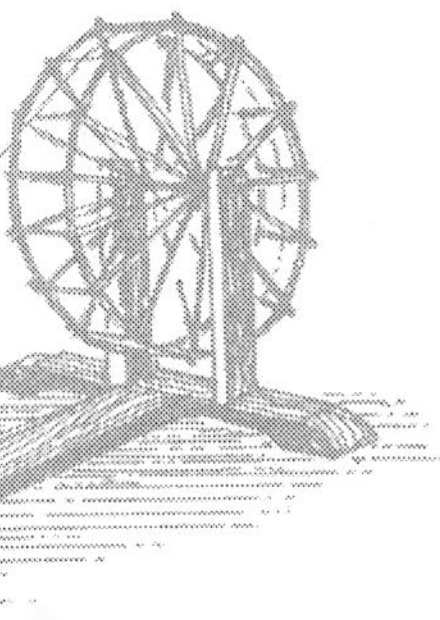

गुरुदेव बोले-क्या उनका सिर काट कर ला सकते हैं? इस पर वह व्यक्ति गुस्से में बोला-क्या मैं इतना गिरा हुआ हूं कि अपनी मां का सिर काट लाऊंगा?

गुरुदेव मुस्कुराकर बोले-आप स्वयं नहीं काट सकते तो किसी अन्य से तो कटवा सकते हैं। तिलमिला कर वह बोला कि मैं मां का सिर काटने वाले व्यक्ति का सिर काट लूंगा।

तब गुरुदेव बोले कि गांधी जी और उनके साथी अपनी मां पर ऐसी ही श्रद्धा रखते हैं। फर्क ये है कि आपकी मां सिर्फ एक बेटे की मां है,जबकि भारत मां कोटि-कोटि बेटों की मां है।

एकता की शक्ति

यह घटना सन् 1922 की है। एक दिन महात्मा गांधी हैदराबाद स्टेशन से गुजरने वाले थे। प्लेटफॉर्म पर जनता ने उन्हें निजाम और अंग्रेजों के अत्याचारों से अवगत कराया।

गांधी ने वहां उपस्थित लोगों से एक ताश की गड्डी मांगी। उन्होंने सबसे पहले उसमें से हुकुम का गुलाम पत्ता निकाला और उपस्थित लोगों से बोले, 'यह पत्ता हुकुम का गुलाम यानी भारतीय जनता है।' इसके बाद उन्होंने दूसरा पत्ता हुकुम की बेगम का निकाला और बोले, 'यह बेगम इस गुलाम को पीटती है।' तीसरा पत्ता निकाल गांधीजी बोले, 'यह हुकुम का बादशाह का पत्ता ब्रिटिश सरकार है। बेगम के साथ बादशाह भी गुलाम को पीटता है।' फिर उन्होंने एक चौथा पत्ता निकाल कर सबको दिखाते हुए कहा, 'यह देखिए, सबसे बड़ा हुकुम का इक्का यानी एकता। यदि गुलाम और इक्के को एक साथ मिला दिया जाए तो ये दोनों मिल कर बादशाह और बेगम को पीट देते हैं। हम एक होकर इनका मुकाबला करें तो अंग्रेजों को यहां से भगा सकते हैं।'

गांधीजी की बात से सभी सहमत हो गए।

चींटी से अहिंसा

गंभीर विषय पर मंत्रणा चल रही थी। गांधी जी, डॉ. राजेन्द्र प्रसाद, बाबू जगजीवन राम आदि नेतागण बैठे हुए थे। तभी गांधी जी के नंगे पेट पर एक चींटी चढ़ी। वह गरदन तक ऊपर चढ़ी और फिर वापस नीचे पेट पर आ गई। बाबू जगजीवन राम की निगाह चींटी पर पड़ी। उन्होंने गांधी जी की ओर देखा चींटी पेट से फिर ऊपर की ओर चढ़ रही थी। बाबू जगजीवन राम जिज्ञासापूर्वक कभी चींटी, कभी बापू को देख रहे थे। क्या बापू को चींटी के बारे में नहीं मालूम ? तभी बापू ने हाथ बढ़ाकर गरदन पर चढ़ती चींटी को हौले से हटा दिया। बापू और बाबू जगजीवन राम की निगाहें मिली ओर दोनों हंस पड़े।

हंसी के स्वर से डॉ. राजेन्द्र प्रसाद की तंद्रा भंग हुई। उन्होंने हंसी का कारण पूछा।

बाबू जगजीवन राम चींटी की पूरी कहानी सुनाकर बोले, "मुझे लगता है, पेट से चींटी को हटाने के दौरान बापू में म में अंतर्द्वंद्व चलता रहा कि इसे पेट से हटाने से हिंसा तो नहीं होगी, इसका कोई अहित तो नहीं होगा।"

यह सुनकर बापू जोर से हंसकर बोले, "तुम्हारा अनुमान ठीक ही था।"

ईमान और सच्चाई की कीमत

यह घटना उन दिनों की है जब बापू दक्षिण अफ्रीका में थे और वहां वकालत करते थे। उनका नियम था कि वह झूठा मुकदमा हाथ में कभी नहीं लेते थे और मुकदमे में केवल सच ही बोलते थे।

एक बार जर्मिस्टन शहर में एक सिख ने किसी आदमी की हत्या कर दी। उस पर मुकदमा चला तो वह बापू के पास उन्हें मुकदमें में वकील बनाने के लिए उनके पास आया। सिख इसके लिए बापू को एक हजार पौंड तक देने के लिए राजी था। इन दिनों दक्षिण अफ्रीका में बापू की वकाल की धाक थी और उनका नाम दूर-दूर तक फैल गया था, पर बापू ने उसका मुकदमा नहीं लिया। बापू जानते थे कि सिख ने हत्या की है, इसलिए वह उसका झूठा बचाव नहीं कर सकते थे।

हार कर सिख दूसरे वकीलों के पास गया। उसने पानी की तरह पैसा बहाया और मुकदमा जीत गया। अदालत से बरी होकर बापू के पास आया और घमण्ड से बोला, "

क्या आप समझते थे कि आप के अलावा कोई मुझे बचा ही नहीं सकता ? देखिए, मैं छूट कर आ गया।"

बापू ने गम्भीर स्वर में कहा, भाई तुम छूट तो गए पर क्या तुम यह अनुभव नहीं करते कि तुम्हें इसकी भारी कीमत चुकानी पड़ी है।

सिख लापरवाही से बोला, "कीमत की मैं परवाह नहीं करता। मैं पैसे को कुछ नहीं समझता।"

"पैसा नहीं, तुमने ईमान और सच्चाई को खोया है, तुमने धर्म गंवाया है और इतनी बड़ी कीमत देकर प्राण बचाने से कोई फायदा नहीं हो सकता।"

सिख शरमाया, उसके मन में बापू के लिए आदर उमड़ आया।

बापू आदर्श मानव

काका कालेलकर गांधी जी के अधिक घनिष्ठ थे। उनसे किसी विदेशी ने पूछा, "गांधी जी का देश के हर वर्ग पर इतना प्रभाव किन कारणों से पड़ा ?"

काका ने कहा, "वे अपना जीवन संयम के साथ जीते हैं, जो मन में है, वहीं उनकी बातों में है, अपने क्रिया-कलापों को सार्वजनिक हित में लगाए रहते हैं। वे वही कहते हैं, जो करते हैं, इसीलिए वे दुनियाभर में असंख्य लोगों के लिए एक अच्छे और सच्चे मनुष्य की तरह अनुकरण करने योग्य है।"

महान बनने के लिए ये मूल सिद्धान्त है, जिसे गांधी जी ने सदैव अपनाया है।

रूढ़िवादी और बापू

बात सन् 1936 की है। महात्मा गांधी छुआछूत-निवारण हेतु देशभर मे यात्राएं कर रहे थे। उड़ीसा के एक कस्बे में वे ठहरे हुए थे। वहां पंडितों का एक दल उनसे शास्त्रार्थ करने आ गया।

वे कह रहे थे, "शास्त्र में छुआछूत का समर्थन है।"

गांधी जी पंडितों की मंडली को सम्मान पूर्वक बिठाया और कहा, "पंडितजनों, मैंने शास्त्र तो पढ़ा नहीं है, इसलिए आप से हार मान लेता हूं, पर यह विश्वास करता हूं कि संसार के सब शास्त्र मिलकर भी मानवी एकता के सिद्धानत को झूठ नहीं कह सकते।"

मानवता एक तरफ और आप के शास्त्र एक तरफ। मेरा धर्म तो यही है कि छुआछूत बन्द हो और मरते दम तक मैं इस पर अडिग रहूंगा।

उनकी स्पष्ट अभिव्यक्ति सुनकर पंडित मंडली उनकी बात का कोई उत्तर ने देकर वापस लौट गई।

बच्चा नहीं उस्ताद

बापू के स्वागत में आयोजित एक सभा में काफी भीड़ थी। बापू हरिजनों की सेवा के लिए पैसे मांग रहे थे। सैकड़ों स्त्री-पुरुष आ रहे थे, और रुपया-पैसा, गहना-जेवर आदि दे रहे थे।

भोला नाम का एक बालक दूर से यह सब दृश्य देख रहा था, उसने मन में सोचा कि वह भी बापू को पैसा दे। वह नटखट बालक भीड़ में आगे बढ़ा और धीरे-धीरे मंच पर जा पहुंचा।

मंच पर बैठे लोगों ने उसे देखा। वे नहीं समझ सके कि छोटा-सा बालक यहां किसलिए आया है ? बच्चे के साथ उसे माता-पिता भी नहीं थे।

मंच पर बैठे लोग अभी यह देख और सोच ही रहे थे कि नटखट बालक बापू के पास पहुंच गया। उसने बापू को प्रणाम किया और अपनी जेब से एक पैसा निकालकर उनके पास रख दिया।

बापू खुश हो गये। उन्होंने हंसकर कहा, "अरे यह बच्चा तो बड़ा उस्ताद मालूम होता हे। "

वह भोला-भाला बालक बापू के मुंह से उस्ताद सुनकर मुस्कराया और मंच से नीचे उतर गया।

बापू ने कहा, "कौन जाने, बेचारे को यह एक ही पैसा मिठाई खाने को मिला हो। यदि ऐसी बात है तब इस बच्चे का एक पैसा भी देना बहुत बड़ी बात है।"

ऐसे थे बापू, जिन्हें भोले-भाले बच्चे सहज ही प्यार करते थे। बापू बच्चों के लिए थे और बच्चे बापू को देखकर प्रसन्न हो जाते थे।

वचन और समय का पालन

यह घटना तब की जब सेवा ग्राम की नींव डाली जा रही थी। वहां अभी कुछ कमरे ही बने थे। बापू वहां रहने के लिए सोच रहे थे। उनके तीन साथी वहां पहुंच चुके थे। उन्होंने बापू के निवास के लिए एक कमरा बनवा दिया था।

तभी एक दिन बापू ने खबर भिजवाई कि कल शाम सेवा ग्राम पहुंच रहे हैं। बापू स्टेशन से सेवा ग्राम आश्रम के स्थान तक मार्ग सं भली-भांति परिचित नहीं थे, इसलिए

उन्होंने यह खबर भी दी थी कि उन्हें रास्ता दिखाने के लिए स्टेशन पर एक आदमी आज जाय।

बापू के तीनों सहयोगियों को खबर मिल गई। पर दूसरे दिन बादल घिर आए और काफी तेज पानी बरसने लगा। पानी लगातार बरसता रहा और शाम हो गई किन्तु पानी का बरसना बन्द नहीं हुआ। उनके तीनों साथियों ने सोचा ऐसी बरसात में बापू भला क्या आएंगे।

यह सोच कर न तो उन्होंने स्टेशन पर कोई आदमी भेजा और न कमरे से बाहर निकले, वे चुपचाप दरवाजा बन्द कर अन्दर बैठे रहे।

काफी देर के बाद उन में से एक ने दरवाजा खोलकर पगडंडी पर नजर दौड़ाई तो देखा कोई चला आ रहा है।

"अरे बापू आ गए।" सहयोगी छाता लेकर दौड़ पड़े। पगडंडी पर बापू चले आ रहे थे। वे काफी भीग गए थे और कांप रहे थे।

एक सहयोगी ने बापू से कहा, "मैं सपने में भी नहीं सोच सकता था कि आप इस आंधी-तूफान में आएंगे।"

बापू मुस्कराए और कहा, " जब मैं चला था तब पानी बंद हो गया था किन्तु कुछ दूरी तक चलने के बाद बरसात रास्ते में फिर शुरू हो गई। मैं एक बार कदम बढ़ा चुका था। थोड़ी-सी बरसात के भय से उसे पीछे क्यों हटाता।"

ऐसे थे बापू जो वचन और समय के पालन में हमेशा सजग रहते थे।

बड़ी भूल को माफ किया

नियमानुसार बापू सोते समय दंत-मंजन की शीशी अपने पास रखकर सोते थे। इसी के साथ लाल दवा (पोटेशियम परमैग्नेट) की शीशी, चाकू, मुंह साफ करने के लिए पानी का बर्तन आदि जरूर के सामान भी पास ही रख लेते थे। एक दिन बापू हमेशा की तरह सूरज निकलने के पहले उठे। उन्होंने आश्रम के एक भाई से मंजन की शीशी मांगी। उन भाई से भूल से मंजन की शीशी की जगह लाल दवा की शीशी दे दी।

बापू ने थोड़ी-सी लाल दवाई दांतों पर मली। उन्हें अजीब-सा स्वाद लगा। अंधेरे में कुछ दिखाई भी नहीं दे रहा था। उन्होंने उन भाई से पूछा, "भाई, तुमने मुझे कौन-सी शीशी दी है ?"

"बापू जी, मैंने मंजन की शीशी दी है।"

बापू ने अब मंजन दांतों पर रगड़ना शुरू कर दिया। दूसरे ही क्षण उन्होंने सारा मंजन थूक दिया। उनका मुंह और जीभ बुरी तरह जल गई। आश्रम के उन भाई को अब अपनी भूल मालूम हुई। लाल दवा जहरीली होती है। अगर बापू के पेट में चली जाती तो उनकी जिन्दगी के लिए खतरा था।

पर बापू ने इस भूल के लिए उन भाई को कुछ नहीं कहा। वे उन भाई की इस बड़ी भूल को एकदम भूल गए।

ऐसे थे बापू जो अपने साथियों की बड़ी से बड़ी भूल को क्षमा कर देने की क्षमता रखते थे।

मां की सीख

गांधीजी का नाम मोहनदास था और उनकी मां पुतलीबाई उन्हें प्यार से मोनिया कहकर बुलाती थी। मोहन अपनी मां से बहुत प्यार करता था और उनकी हर बात ध्यान से सुनता था। उनके घर में एक कुआं था। कुएं के चारों ओर पेड़-पौधे लगे थे। बच्चों को कुएं की वजह से पेड़ों पर चढ़ने की मनाही थी। लेकिन मोहन फिर भी पेड़ पर चढ़ जाता था। एक दिन मोहन के बड़े भाई ने मोहन को कुएं के पास वाले पेड़ पर चढ़ा हुआ देख लिया। उन्होंने मोहन को पेड़ से उतरने को कहा पर मोहन नहीं उतरा। भाई ने गुस्से में मोहन को चांटा मार दिया।

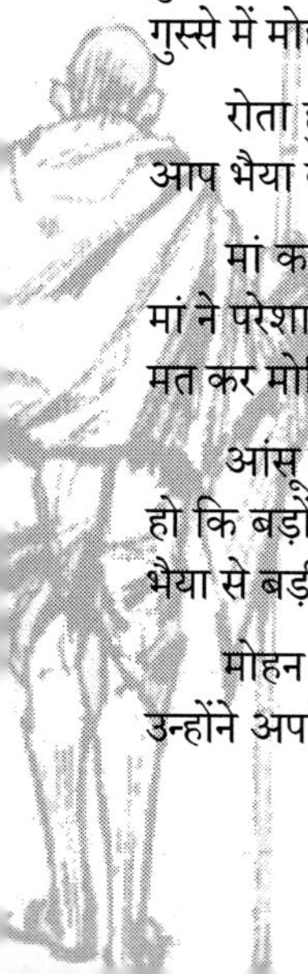

रोता हुआ मोहन मां के पास गया और बोला, ' मां बड़े भैया ने मुझे चांटा मारा। आप भैया को डांट लगाओ।'

मां काम में व्यस्त थी। मोहन मां से बार- बार भैया के मारने की बात कहता रहा। मां ने परेशान होकर कहा, ' उसने तुझे मारा है न ? जा तू भी उसे मार दे। मुझे अभी तंग मत कर मोनिया।'

आंसू पोंछते हुए मोहन ने कहा, ' मां यह तुम क्या कह रही हो। तुम तो हमेशा कहती हो कि बड़ों का आदर करना चाहिए। तो मैं भैया पर हाथ कैसे उठा सकता हूं? हां तुम भैया से बड़ी हो इसलिए तुम भैया को समझा सकती हो कि वे मुझे ना मारे।'

मोहन की बात सुनकर मां को अपनी भूल का अहसास हो गया। काम छोड़कर उन्होंने अपने बेटे मोहन को गले से लगा लिया। उनकी आंखों में ख़ुशी के आंसू थे। वे

बोली, 'तू मेरा राजा बेटा है, मोनिया। आज तूने मुझे मेरी भूल बता दी। हमेशा सच्चाई और ईमानदारी की राह पर चलना मेरे लाल।'

सत्य को जानो

जब कराडी गांव में नमक सत्याग्रह पहुंचा तो सुबह-सुबह गांव वालों ने एक जुलूस निकाला। सबसे आगे महिलाएं थी जिनके हाथ में राष्ट्रीय ध्वज था। बाजे भी बज रहे थे। लोगों के हाथों में फल-फूल और पैसे भी थे।

लोगों ने आकर गांधीजी को प्रणाम किया और सारे उपहार उनके चरणों में रख दिए। गांधीजी ने पूछा, 'तुम लोग बाजे क्यों बजा रहे हो ?'

लोगों ने कहा, 'हमारे गांव में पीने के पानी का अकाल रहता है पर आपके आने से इस बार कुओं में पानी आ गया है। इसलिए हम लोग बाजे बजा रहे हैं।'

गांधीजी अपनी मुद्रा कठोर करते हुए बोले, 'मेरे आने और पानी का क्या सम्बन्ध है ? ईश्वर पर मेरा अधिकार नहीं है। उसके लिए जो मूल्य आपकी वाणी का है वहीं मेरी वाणी का भी है। अगर किसी डाल पर कौआ बैठे, और डाल टूट जाए तो तुम कहोगे कि कौवे की वजह से डाल टूट गयी। कुओं में पानी आने के कई कारण हो सकते हैं। उस सत्य को जानो।'

सरदार पटेल ने बापू से की ठिठोली

बात स्वाधीनता संग्राम के दिनों की है। एक बार जेल में महात्मा गांधी के लिए नारियल की रस्सी से बुनी चारपाई आई। सरदार पटेल को लगा कि इस चारपाई पर लेटने से बापू को दिक्कत होगी, लिहाजा उन्होंने कहा कि नारियल की रस्सी को काटकर निवाड़ से बुन दिया जाए। लेकिन सादगी पसंद बापू उसी चारपाई के लिए मान गए।

उन्होंने सरदार पटेल से कहा - 'नारियल की रस्सी में यह फायदा है कि इसमें खटमल हो जाएं तो गरम पानी डालने से निकल जाते हैं।' इसके जवाब में सरदार पटेल

ने भी तर्क दिया -'किंतु निवाड़ में खटमल हो जाएं तो केवल धूप में रखने से ही काम हो जाता है।'

इस पर बापू ने अगला तर्क दिया - 'पर निवाड़ मैली जो हो जाती है!' सरदार ने अविलंब जवाब दिया - 'धोबी को भेजिए, समस्या खत्म!' बापू ने अगला तर्क प्रस्तुत किया - 'जानते हो, नारियल की रस्सी से बुनी खाट कई काम आती है। मेरी मां ऐसी खाट से अदरक छीला करती थी।' इस पर सरदार पटेल तपाक से बोले - 'इसीलिए तो मैं आपको इस खाट के लिए मना कर रहा हूं। आपके कृशकाय शरीर पर थोड़ी-सी तो चमड़ी है। इस खाट पर सोने से वह भी छिल जाएगी।'

यह सुनकर बाबू मंद-मंद मुस्करा दिए और आखिरकार निवाड़ से बुनी खाट के लिए राजी हो गए।

गांधी जी ने सूट-बूट छोड़ धोती अपनाई

बात सन् 1917 की है। गांधी जी चंपारण के मोतिहारी स्टेशन पर 15 अप्रैल 1917 को तीन बजे दोपहर में उतरे। वो वहां के किसानों से मिले। वहां के किसानों को अंग्रेज़ हुक्मरान नील की खेती के लिए मजबूर करते थे। इस वजह से वो चावल या दूसरे अनाज की खेती नहीं कर पाते थे। हज़ारों भूखे, बीमार और कमज़ोर हो चुके किसान गांधी को अपना दु:ख-दर्द सुनाने के लिए इकट्ठा हुए थे। इनमें से आधी औरतें थीं। ये औरतें घूंघट और और पर्दे में गांधी से मुखातिब थीं।

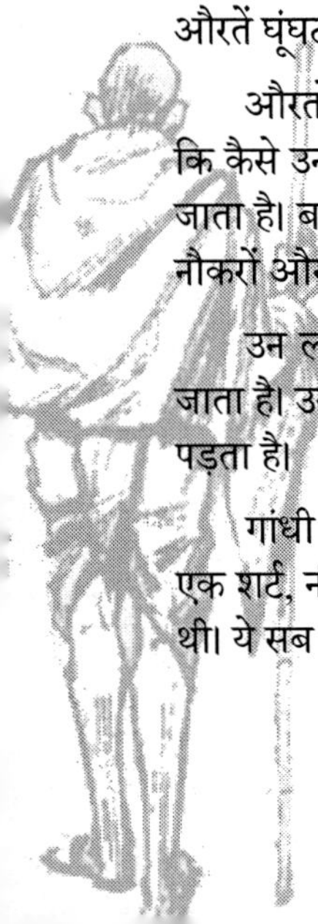

औरतों ने अपने ऊपर हो रहे जुल्म की कहानी गांधी जी को सुनाई। उन्होंने बताया कि कैसे उन्हें पानी लेने से रोका जाता है। उन्हें शौच के लिए एक ख़ास समय ही दिया जाता है। बच्चों को पढ़ाई-लिखाई से दूर रखा जाता है। उन्हें अंग्रेज़ फैक्ट्री मालिकों के नौकरों और मिडवाइफ के तौर पर काम करना होता है।

उन लोगों ने गांधी जी को बताया कि इसके बदले उन्हें एक जोड़ी कपड़ा दिया जाता है। उनमें से कुछ को अंग्रेजों के लिए दिन-रात यौन दासी के रूप में उपलब्ध रहना पड़ता है।

गांधी जी जब चंपारण पुहंचे तब वो कठियावाड़ी पोशाक पहने हुए थे। इसमें ऊपर एक शर्ट, नीचे एक धोती, एक घड़ी, एक सफेद गमछा, चमड़े का जूता और एक टोपी थी। ये सब कपड़े या तो भारतीय कारखानों में बने हुई थी या फिर हाथ से बुनी हुए थीं।

जब गांधी जी ने सुना कि नील फैक्ट्रियों के मालिक निम्न जाति के औरतों और मर्दों को जूते नहीं पहनने देते हैं तो उन्होंने तुरंत जूते पहनने बंद कर दिए।

गांधी जी ने 16 और 18 अप्रैल 1917 के बीच चार ख़त लिखे। दो उन्होंने ब्रितानी अधिकारियों को लिखे जिसमें उन्होंने ब्रितानी आदेश को नहीं मानने की मंशा जाहिर की थी। ब्रितानी अधिकारियों ने उन्हें चंपारण छोड़ने का आदेश दिया था।

इनमें से दो ख़त उन्होंने अपने दोस्त को लिखे थे जिसमें उन्होंने चंपारण के किसानों की दयनीय हालत के बारे में लिखा था और मदद मांगी थी। उन्होंने ख़ासतौर पर महिलाओं की जरूरत पर बल दिया था जो स्कूल, आश्रम चलाने में मदद कर सकें। इसके अलावा बयानों और कोर्ट की गिरफ़्तारियों के रिकॉर्ड संभाल कर रख सकें।

8 नवंबर 1917 को गांधीजी ने सत्याग्रह का दूसरा चरण शुरू किया था।

वो अपने साथ काम कर रहे कार्यकर्ताओं को लेकर चंपारण पहुंचें. इनमें से छह महिलाएं थीं। अवंतिका बाई, उनकी पत्नी कस्तूरबा गांधी, मनीबाई पारीख, आनंदीबाई, श्रीयुत दिवाकर (वीमेंस यूनिवर्सिटी ऑफ़ पूना की रजिस्ट्रार) का नाम इन महिलाओं में शामिल था। इन लोगों ने तीन स्कूल यहां शुरू किए। हिंदी और उर्दू में उन्हें लड़कियों और औरतों की पढ़ाई शुरू हुई।

इसके साथ-साथ खेती और बुनाई का काम भी उन्हें सिखाया गया। लोगों को कुंओ और नालियों को साफ-सुथरा रखने के लिए प्रशिक्षित किया गया। गांव की सड़कों को भी सबने मिलकर साफ किया। गांधी जी ने कस्तूरबा को कहा कि वो खेती करने वाली औरतों को हर रोज़ नहाने और साफ-सुथरा रहने की बात समझाए।

कस्तूरबा जब औरतों के बीच गईं तो उन औरतों में से एक ने कहा, "बा, आप मेरे घर की हालत देखिए. आपको कोई सूटकेस या अलमारी दिखता है जो कपड़ों से भरा हुआ हो? मेरे पास केवल एक यही एक साड़ी है जो मैंने पहन रखी है। आप ही बताओ बा, मैं कैसे इसे साफ करूं और इसे साफ करने के बाद मैं क्या पहनूंगी? आप महात्मा जी से कहो कि मुझे दूसरी साड़ी दिलवा दे ताकि मैं हर रोज इसे धो सकूं।"

यह सुनकर गांधी जी ने अपना चोगा बा को दे दिया था उस औरत को देने के लिए और इसके बाद से ही उन्होंने चोगा ओढ़ना बंद कर दिया था।

सत्य को लेकर गांधीजी के प्रयोग और उनके कपड़ों के ज़रिए इसकी अभिव्यक्ति अगले चार सालों तक ऐसे ही चली जब तक कि उन्होंने लंगोट या घुटनों तक लंबी धोती पहनना नहीं शुरू कर दिया।

गांधी जी ने पगड़ी पहनना छोड़ा

1918 में गांधी जी अहमदाबाद में कारखाना मज़दूरों की लड़ाई में शामिल हुए तो उन्होंने देखा कि उनकी पगड़ी में जितने कपड़े लगते है, उसमें 'कम से कम चार लोगों का तन ढका जा सकता है। उन्होंने उस वक्त पगड़ी पहनना छोड़ दिया था। 31 अगस्त 1920 को खेड़ा में किसानों के सत्याग्रह के दौरान गांधी जी ने खादी को लेकर प्रतिज्ञा ली ताकि किसानों को कपास की खेती के लिए मजबूर ना किया जा सके। मैनचेस्टर के मिलों में कपास पहुंचाने के लिए किसानों को इसकी खेती के लिए मजबूर किया जाता था। उन्होंने प्रण लेते हुए कहा था,"आज के बाद से मैं ज़िंदगी भर हाथ से बनाए हुए खादी के कपड़ों का इस्तेमाल करूंगा।"

कर्तव्यनिष्ठा की भावना

यह घटना उस समय की है, जब महात्मा गांधी यरवदा जेल में थे। उन दिनों यरवदा जेल में ही उनका ऑपरेशन हुआ था। ऑपरेशन होने के बाद वे शरीर से बेहद कमजोर हो गए थे। यहां तक कि उनको चलने फिरने में भी कठिनाई हो रही थी। वे पैरों में चप्पल की बजाय खडाऊं पहनते थे। वे जेल भी खडाऊं पहनकर ही गए थे। कई महीने उपयोग करने के कारण उनका खडाऊं टूट गया था। जेल प्रशासन की ओर से उन्हें एक नया खडाऊं दिया गया था, लेकिन वह खडाऊं बहुत वजनी था यानि भारी था। एक तो ऑपरेशन की वजह से कमजोर पड़ा शरीर और ऊपर से वजनी खडाऊं। इसे पहनकर चलने में गांधीजी को बहुत तकलीफ होती थी। कुछ दिनों बाद वे अपने आश्रम आ गए।

एक रात की बात है। गांधीजी वही भारी वाला खडाऊं पहन कर चल रहे थे। इसको पहनकर चलने में उनको कुछ ज्यादा कष्ट हो रहा था। आश्रम में रह रहे सहयोगियों को उनकी यह तकलीफ नहीं देखी गयी। उसने चुपके से जेल से मिली उस भारी खडाऊं को वहां से हटाकर उसकी जगह एक हल्की खडाऊं की जोड़ी रख दी।

सुबह होने पर गांधीजी जब खडाऊं पहनने के लिये खड़े हुए तो उन्होंने अपने खडाऊं को इधर उधर ढूंढा। जब वह कहीं नहीं मिले तब उनकी नजर उस नए खडाऊं के जोड़ी पर पडी तो उसे नहीं पहनी और बोले- “अरे, मेरी खडाऊं तो रात तक यहीं पर थीं। पता नहीं कौन अपनी नयी खडाऊं यहां छोड़ कर चला गया है।” तभी एक आश्रमवासी उनके पास आया और बोला- “बापू! यह नयी खडाऊं की जोड़ी मैं आपके लिये ही

लाया हूं। आपको वह भारी खडाऊं पहनने में तकलीफ होती थी। मुझसे यह देखा नहीं गया, इसलिए मैंने ही उसे हटाकर इस नयी जोड़ी को वहां रख दिया था।"

इस पर गांधीजी बोले- "आश्रम के चारों तरफ रुपयों की बरसात हो रही है। इसलिए तो तुम्हें नयी जोड़ी खडाऊं लाने की सूझी। क्या तुम्हें यह पता है कि जो लोग रुपये भेजते हैं उनको यह विश्वास है कि उनके पाई पाई का यहां सदुपयोग हो रहा है? लेकिन यहां तो उनके साथ विश्वासघात हो रहा है।"

यह सुनकर वह आश्रमवासी लज्जित हो गया। उसे अपनी गलती का एहसास हो गया। उसने कसम खाई कि आगे से वह बापू के आदेश का पालन करते हुए आश्रम के पाई-पाई का सदुपयोग करेगा।

जब बापू प्रार्थना करना भूले

दिन भर कठोर परिश्रम करने के बाद थके हुए गांधीजी जैसे ही बिस्तर पर लेटे, उनकी आंख लग गयी और वे सो गए। सोये भी ऐसी गहरी नींद में कि सुबह तड़के नींद खुली।

उस दिन उन्हें बड़ा पछतावा हुआ कि शाम की प्रार्थना नहीं कर सके। प्रायश्चित स्वरुप उन्होंने दिनभर उपवास करने की ठानी।

लोगों ने जब पूछा तो बोले- "एक-एक क्षण मैं जिसके सहारे जी रहा हूं, उसी परमात्मा की याद न रही तो इससे बड़ा पाप और क्या होगा ?"

पुत्र प्राप्ति का आशीष

गांधी जी बैंगलोर में थे। चक्रवर्ती राजगोपालचारी भी उनके साथ थे। एक दिन एक महिला उनसे मिलने आई। उस महिला के एक हाथ में थाली थी, जिसमें केले, पान, सुपारी, फूल और नारियल आदि थे। उसने थाली को गांधी जी के चरणों में रखा और आशीर्वाद पाने की मुद्रा में खड़ी हो गई। गांधी जी प्रत्युत्तर में हाथ जोड़ दिए। लेकिन वह महिला वहां से हटी नहीं। गांधी जी ने दूसरी बार, तीसरी बार हाथ जोड़े, लेकिन वह महिला टस से मस नहीं हुई।

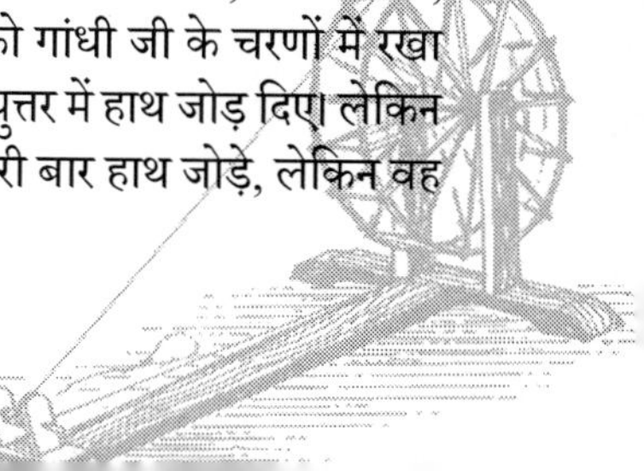

कन्नड महिला थी, अत: गांधी जी ने चक्रवर्ती से कहा कि उससे पूछे, उसे क्या चाहिए ?

चक्रवर्ती ने उस महिला से बात की और गांधी जी की ओर पलटकर बोले, "आप महात्मा हैं न, इसे पुत्र प्राप्ति का आशीष चाहिए।"

"मैं महात्मा नहीं हूं।" गांधी जी बोले, "आशीर्वाद कैसे दूं ?"

चक्रवर्ती बोले, यह बहन कहती हैं कि आपने कई लोगों को आशीर्वाद दिए हैं और वे फलीभूत भी हुए हैं, फिर मुझे क्यों नहीं देते?

बापू बोले, " मुझे अभी पता चला कि मुझ में ऐसी शक्ति है। पर इससे कहिए, गांव में से ही किसी बालक को गोद क्यों नहीं ले लेती ?"

राजगोपालचारी ने महिला के उस प्रश्न का उत्तर लिया और बोले, "यह कहती है कि वह अड़ोसी-पड़ोसी और रिशतेदारोंके बच्चों को प्यार करती है, लेकिन अपना तो अपना ही होता है।"

यह सुनकर गांधी जी ने 'अपने-पराए' पर उसे अच्छा-खास भाषण दिया। लेकिन फिर भी वह महिला नहीं गई। अंत में बापू बोले, "अगर ईश्वर तुम्हें पुत्र देना चाहें तो मैं क्या इन्कार कर सकता हूं।"

इसे आशीर्वाद समझकर वह महिला उन्हें प्रणाम कर वहां से चली गई।

गहरी नींद

साबरमती आश्रम में एक लड़का मृत्यु शय्या पर पड़ा था। प्रत्येक आश्रमवासी की बारी-बारी से उसकी देखभाल की डयूटी लगती थी। गांधी जी की बारी भी आती थी। लड़के की तबीयत अधिक खराब होने पर भी बापू को आना पड़ता था।

एक रात बारह बजे गांधी जी की बारी थी। उनसे पहले श्री फड़के की बारी थी। गांधी जी ने कहा कि अपनी बारी आने के बाद वे उन्हें जगा दें।

फड़के रोगी के पास बैठे तो उन्हें नींद आने लगी। इसलिए वे आस-पास टहलकर समय व्यतीत करने लगे। आधे घण्टे बाद उन्होंने गांधी जी के पास जाकर देखा तो वे गहरी नींद में घोड़े बेचकर सो रहे थे। फड़के आश्चर्य से भर उठे कि रोगी को इतनी चिंता में भी इतनी गहरी नींद।

धीरे-धीरे एक घण्टा बीत गया। अब गांधी जी की बारी थी। श्री फड़के असमंजस में थे कि बापू को कैसे जगाएं। तभी एक घण्टे से ठीक एक मिनट पहले गांधी जी उठ बैठे और बोले, "एक घण्टे अच्छी नींद आई।"

फड़के पूर्ववत् आश्चर्य में डूबे गांधी जी के विराट व्यक्तिव को नमन कर रहे थे। गांधी जी बीमार लड़के के पास जा बैठे। कुछ देर बाद उसने गांधी जी की गोद में प्राण त्यागे। उस समय बारी से पहले गांधी जी ने किसी को नहीं जगाया।

किसान की सरलता और बापू

एक बार एक गरीब किसान महात्मा गांधी के पास आया और उस ने उन्हें बताया कि वह बिहार के चंपारण गांव से आया है जहां काश्तकारों को अंगरेज जमींदारों ने बहुत दु:खी कर रखा है। गांधीजी बड़े अचंभे में पड़ गए कि यह निर्धन किसान अपना कामधंधा, खेतीबाड़ी छोड़ कर चंपारण से यहां इतनी दूर आश्रम में उन के पास आया है।

गांधीजी ने उस से कुछ बातचीत की तो पता लगा कि वह अपने मन की राह पर चल कर यहां तक आया है। उस की सरलता महात्मा गांधी को भीतर तक छू गई थी। गांधीजी उस के साथ चल पड़े। वहां जा कर उस के लिए, उस के साथियों के लिए न्याय मिलने तक संघर्ष करते रहे।

....स्वराज भी देर से आएगा

यह घटना उस समय की है जब स्वतंत्रता आंदोलन जोर पकड़ चुका था। गांधी जी घूमकर या सभा बुलाकर लोगों को स्वराज और अहिंसा का संदेश देते थे। एक बार उन्हें एक सभा में उपस्थित होने की आमंत्रण मिला।

सभा को संचालित एक स्थानीय नेता को करना था। गांधीजी समय के बहुत पाबंद थे। वे निर्धारित समय पर सभा स्थल पर पहुंच गए। उन्होंने देखा सभा स्थल पर सभी लोग पहुंच गए हैं, लेकिन जिस नेता को सभा का संचालन करना था, वह अभी तक नहीं पहुंचे थे। वह पूरे पैंतालीस मिनट पश्चात सभा स्थल पर पहुंचे। उन्होंने देखा कि उनकी

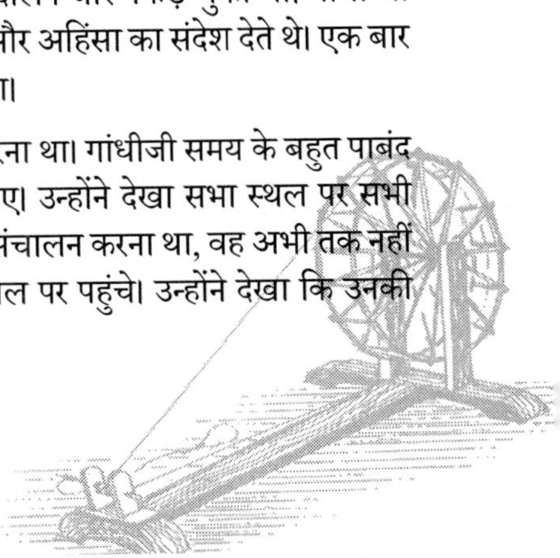

उपस्थिति में ही सभा आरंभ हो चुकी है। उन्होंने आयोजकों से पूछा कि उनके बिना सभा कैसे प्रारम्भ हुई? आयोजकों ने कोई जवाब नहीं दिया।

गांधी जी नेता के हाव-भाव से उनकी बातें समझ गए। गांधी जी मंच पर आए और नेताजी की ओर देखते हुए बोले, “माफ कीजिए, लेकिन जिस देश के अग्रगामी नेता ही महत्वपूर्ण सभा में पैंतालीस मिनट देर से पहुंचेंगे, वहां पर स्वराज भी उतनी देर से आएगा। नेता के इंतजार में काम आरम्भ नहीं हो सकता था, इसलिए मैंने सभा शुरू करा दी, क्योंकि मुझे डर था कि आपके देर से आने की आदत धीरे-धीरे अन्य लोगों को न लग जाए।”

गांधी जी की बात सुनकर नेताजी को शर्मिंदगी हुई। उसी क्षण उन्होंने यह गलती दोबारा न करने का संकल्प लिया।

नैतिक कर्तव्यों के प्रति सजग गांधीजी

सात जून 1893 में गांधी जी- एक नौजवान अभ्यासरत वकील- को रंगभेद के चलते अफ्रीका में एक ट्रेन में यातयात्रा करने से मना कर उन्हें रेलगाड़ी से उतार दिया गया। गांधी जी कुछ आधिकारिक काम के लिए फर्स्ट क्लास टिकट पर डरबन से प्रिटोरिया यात्रा कर रहे थे। जब वह फर्स्ट क्लास कंपार्टमेंट में बैठे थे तो एक यूरोपियन व्यक्ति ने रेलवे अधिकारियों को बुलाकर कहा कि ये कुली की तरह दिखने वाले आदमी को कोच से हटाओ। जब गांधीजी ने अपना टिकट दिखाते हुए उस कोच से उतरने से मना कर दिया तो रेलवे के लोगों ने उन्हें उनके सामान सहित पीटरमैरिट्जबर्ग रेलवे स्टेशन पर जबर्दस्ती उतार दिया।

गांधी जी एक महीने के कॉन्ट्रैक्ट पर वकालत के अभ्यास के लिए दक्षिण अफ्रीका गए थे लेकिन जब उनका कॉन्ट्रैक्ट खत्म हुआ तो इस घटना ने उनके दिमाग में इस कदर घर कर लिया कि वापस न जाने का फैसला लिया और वहीं अश्वेतों के अधिकारों के लिए रुक गए। उन्होंने अफ्रीका में भारतीयों के साथ हो रहे भेदभाव के खिलाफ नताल इंडियन कॉन्ग्रेस की स्थापना की।

ऐसे थे गांधी जी उन्होंने नैतिक कर्तव्यों को तरजीह दी। माय एक्सपेरिमेंट्स विद ट्रुथ में गांधी जी ने लिखा, क्या मुझे अपने अधिकारों के लिए लड़ना चाहिए या भारत वापस जाना चाहिए या फिर मुझे अपमान पर ध्यान न देकर प्रिटोरिया जाना चाहिए और फिर

केस खत्म कर भारत वापस चले जाना चाहिए? यह कायरता भरा कदम होगा अगर मैं अपने नैतिक कर्तव्यों को पूरा किए बिना भारत चला गया।

दक्षिण अफ्रीका सरकार ने साल 2011 में महात्मा गांधी के 142वें जन्म दिन पर उस स्टेशन का नाम उनके नाम पर रख दिया जहां उन्हें ट्रेन से धक्के देकर निकाला गया था।

सुधारक अल्पमत में ही रहता है

गांधी जी ने विनोबा भावे जी को अपने आश्रम में रहने और साथ-साथ कार्य करने का आमन्त्रण भेजा।

सर्व प्रथम विनोबा जी जब गांधी जी से मिले तो उन्होंने कहा- "बापू आपकी अहिंसा का आदर्श मेरे भले नहीं उतरता। यह ठीक है कि अहिंसा उन्नति कारक है। हिंसा मुक्त समाज मानवता की उन्नति और उत्कर्ष के लिए आवश्यक है। भविष्य में भले ही इस की उपयोगिता हो किन्तु आज की परिस्थितियों में हिंसा के बिना स्वराज्य सम्भव दिखाई नहीं देता। स्वराज्य मुझे जान से भी प्यारा है इसके लिए मैं किसी भी हिंसा के लिए तत्पर हूं त्याग बलिदान के लिए कटिबद्ध हूं। ऐसी हालत में भी क्या आप मुझे अपने आश्रम में रख सकेंगे?"

गांधी जी मुस्कराते हुए बोले "जो तुम्हारे विचार हैं वही सारी दुनिया के हैं। तुम्हें आश्रम में न लूं तो किसे लूं।"

"मैं जानता हूं कि बहुमत तुम्हारा है किन्तु मैं सुधारक हूं। आज अल्पमत में हूं सुधारक सदैव अल्पमत में ही रहता है अतः हमें धैर्य के साथ समय की प्रतीक्षा करनी चाहिए। सुधारक अगर बहुमत की बात बर्दाश्त न करे तो दुनिया में उसी को बहिष्कृत होकर रहना पड़ेगा। किन्तु सीमा के परे जिनमें धैर्य है ऐसे ही विरले लोग समाज को नई दिशा, नवजीवन प्रदान कर पाते हैं।"

झूठ न बोलने का संकल्प

बचपन से ही मोहनदास एक सीधे-सादे विद्यार्थी थे। उनकी माता का उनके चरित्र पर बहुत गहरा प्रभाव पड़ा था। वे सदैव सत्य बोला करते थे।

एक दिन मोहनदास को अपनेविद्यालय पहुंचने में देर हो गई। शिक्षक ने पूछा- "सर ! मेरे पिताजी की तबियत खराब हो गई है। मैं उनके लिए दवा लेने चला गया था। इसीलिए मुझे देर हो गई।" शिक्षक ने सोचा यह बालक सदैव सच बोलता है इसलिए ऐसा ही होगा।

मोहनदास जब स्कूल से घर पहुंचे तो उन्हें मालूम हुआ कि उनके पिता वास्तव में बीमार पड़े हैं। उन्हें आश्चर्य हुआ कि जब वे प्रात: विद्यालय के लिए चले थे, तब पिताजी ठीक थे। उन्हें एकाएक यह क्या हो गया? उन्होंने अपने पिता से कहा- "पिताजी आपकी तबियत कैसे खराब हो गई?"

उनके पिता बोले- "पता नहीं बेटा ! दोपहर को एकदम घबराहट हुई और बुखार चढ़ आया।"

यह सुनकर मोहनदास सोच में पड़ गया। उन्हें अपने शिक्षाक को बताई हुई झूठी बात याद आई। मोहनदासको बहुत ग्लानि हुई। उन्होंने पहली बार झूठा बोला था। ईश्वर ने उन्हें झूठ बोलने का दण्ड, पिता को बीमार करके दे दिया। उनका दिल पश्चाताप से व्याकुल होने लगा। वे तुरन्त अपने पिता के पास गये और अपने मन की बात बता दी।

उनके पिता बोले- "तुमने अपेन गुरु से झूठ बोला है। जाओ, उनसे ही क्षमा मांगो।"

दूसरे दिन मोहनदास विद्यालय समय से पहले पहुंचे और अपने शिक्षक से झूठ बोलने की बात बता दी।

शिक्षक ने कहा- "तुमने दण्ड के डर से झूठ बोला, यह ठीक नहीं किया। परन्तु यदि तुम सच्चे मन से पश्चाताप कर रहे हो, तो मैं तुम्हें क्षमा कर दूंगा। किन्तु वचन दो कि कभी असत्य का सहारा न लोगे।"

मोहनदास ने तब प्रण किया कि प्राण भले चले जायें, परन्तु वे कभी झूठ नहीं बोलेंगे। जीवन पर्यन्त उन्होंने इस वचन का पालन किया।

फूल नहीं, गहने भी दो

दक्षिण भारत के कर्नाटक राज्य में पुत्तूर नामक एक स्थान है। बापू हरिजनों के लिए चंदा मांगने वहां पहुंचे। वहां एक बड़ी सभा का आयोजन हुआ। बापू ने सभा में भाषण दिया।

सभा में एक लड़की मंच पर आई उसने बापू को फूलों का हार पहनाया।

बापू ने देखा कि उस लड़की के बदन पर गहने हैं और वह देखने में काफी समझदार भी मालूम पड़ती है। बापू ने उससे मुस्करा कर पूछा, "क्या तुम मुझे सिर्फ फूल माला देकर टालना चाहती हो।"

लड़की मुस्कराई, और क्या दूं बापू ?

बापू ने उसके गहनों की ओर इशारा किया, "तुम मुझे कुछ गहने दे सकती हो।"

"कौन-सा गहना दूं ? " लड़की ने पूछा।

"यह अंगूठी ही दे दो।" बापू ने हंस कर कहा।

लड़की ने थोड़ा-सा भी नहीं सोचा और अंगूठी उतारने लगी, पर वह अंगूठी उसकी उंगली में कसी हुई थी। उसने बहुत कोशिश की पर अंगूठी नहीं उतरी। हारकर वह बोली, "मैं इसे उतार कर घर से भिजवा दूंगी।"

वह सभा से चली गई और फिर उसने अपने वादे के अनुसार अपनी अंगूठी उतार कर अपने प्रिय बापू के पास भिजवा दी।

बापू के द्वारा प्रेम से कही गई बातों को, देश के करोड़ों बच्चे कभी नहीं टालते थे।

बापू ने तोड़ा अंधविश्वास

सन् 1930 साबरमती आश्रम का प्रसंग है। आश्रम में कई बालकों को चेचक निकली थी। इसका इलाज बापू ही करते थे। इलाज में खाना बन्द और गर्म पानी में परमेग्नेट-पोटाश डालकर टब में रोगी को स्नान कराते थे।

इसी समय, बापू के पौत्र कनैया को भी चेचक निकल आई। बापू ने उसके लिए भी यही इलाज करने को कहा। इस पर कनैया की दादी मां ने बापू से कहा, "चेचक में

पानी का स्पर्श कराने से मना किया गया है, पर आप तो पानी में बैठाने की बात करते हैं। इससे माता नाराज हो जायेंगी।"

बापू ने दादी मां को समझाते हुए कहा, "आप इतनी क्यों घबराती हैं ? पानी से स्नान करने से माता नाराज नहीं होतीं। देखो आश्रम में कई लड़कों को चेचक निकली थी, सबको यही इलाज करवाया, आज तक तो किसी पर माता नाराज नहीं हुई, तो इस कुनु पर क्यों नाराज होंगी। हमें इन पुराने अंध-विश्वासों तथा मान्यताओं को छोड़ना ही चाहिए, हम यदि नहीं छोड़ेंगे तो औरों को यह छोड़ने के लिए कैसे कह सकते हैं ? आप जरा भी घबराना नहीं।"

यह धर्म नहीं है

बात चम्पारन जिले के गए गांव की है। बापू चम्पारन के किसानों को निलहे गोरों के अत्याचारों से छुड़ाने के लिए उस गांव में ठहरे थे। निलहे गोरे किसानों को नील की खेती करने को विवश करते और उन पर जुल्म ढाहते थे।

एक दिन बापू के सामने एक जुलूस निकला। जुलूस के आगे-आगे एक हट्टा-कट्टा बकरा चल रहा था और उसके पीछे-पीछे गांव वाले गाना गाते और जय-जयकार करते चल रहे थे।

बापू ने एक साथी से इस जुलूस के बारे में पूछा, पर वह कुछ भी नहीं बता सका। उत्सुकता वश बापू इस जुलूस के पीछे-पीछे चल दिए। जुलूस देवी के मंदिर के पास आकर रूक गया। बकरे को देवी के आगे बलि चढ़ाने की तैयारी होने लगी।

बापू को गांव वालों ने अपने साथ देखा तो उनके पास इकट्ठा हो गए। बापू ने पूछा, "आप लोग इस बकरे को यहां क्यों लाए हैं ?"

" हम इसे देवी को भेंट चढ़ाएंगे। " गांव वालों ने जवाब दिया।

"भेंट चढ़ाने से क्या होगा?"

"देवी खुश होगी और हमारा कल्याण करेंगी।"

बापू एक क्षाण चुप रहे फिर बोले, "बकरे से तो मनुष्य बड़ा है। अगर आप मनुष्य का बलिदान दें तो देवी अधिक प्रसन्न होंगी।"

गांव वाले चुप हो गए। बापू कहने लगे, "क्या आप लोगों में से कोई देवी को अपनी भेंट चढ़ाने को तैयार है ? कोई तैयार न हो तो मैं अपने शरीर की भेंट चढ़ाने को तैयार हूं।"

गांव वाले सन्न रह गए। उन की समझ में नहीं आया कि बापू को क्या कहें। बापू तब गम्भीर स्वर में बोले,"देवी तो जगत की माता है। गूंगे और बेकसूर प्राणियों की भेंट लेकर प्रसन्न नहीं होती। यह धर्म नहीं है।"

"तब धर्म क्या है ?" कई गांव वालों ने एक साथ पूछा।

"धर्म यह है कि देवी के सामने आप अपनी बुराइयों और पापों की बलि चढ़ा दें। इससे देवी प्रसन्न होंगी और आप का कल्याण करेंगी।"

गांव वालों की समझ में बापू की बात आ गई। उन्होंने बकरे को छोड़ दिया और खुशी-खुशी देवी को प्रणाम कर घर लौट आए।

लापरवाही ठीक नहीं

नोआ खली की घटना है। बापू इन दिनों हिन्दू और मुसलमानों के बीच झगड़ा शान्त करने और प्रेम बढ़ाने के लिए पैदल यात्रा कर रहे थे। उनके साथ उनकी पोती मनु बहन भी थी।

बापू नहाते समय एक पत्थर से अपना शरीर रगड़ लिया करते थे। वे साबुन नहीं लगाते थे। उन्हें शरीर रगड़ने के लिए वह पत्थर मीरा बहन ने दिया था, जो उनकी यात्रा में हमेशा उनके साथ रहता था।

बापू नारायणपुर गांव पहुंचे और जब वे नहाने के लिए तैयार हुए। मनु बहन ने सामान खोल कर देखा तो वह पत्थर नहीं मिला।

वह बापू के पास आई और डरते-डरते बोलीं, "बापू वह पत्थर तो मैं पीछे वाले गांव में भूल आई, जहां हम लोग ठहरे थे।"

बापू गम्भीर हो गए। उन्होंने कहा, "तुमने भूल की है तो तुम्हीं इसका सुधार करो। तुम स्वयं वापस जाकर उस गांव से पत्थर ले आओ।"

मनु बहन ने यह सुना तो डर गई। दंगे-फसाद का समय था। मार-काट मची हुई थी। रास्ते में सुपारी नारियल का घना जंगल था। ऐसे में कोई हमला कर दे तो क्या हो ?

पर मनु बहन जानती थी कि बापू की बात में फेर बदल की गुंजाइश नहीं रहती। वह अकेले ही चल दी और घने जंगल को पार कर पिछले गांव पहुंची। बापू जहां ठहरे हुए थे उस जुलाहे के यहां वह पत्थर मिल गया। मनु बहन उसे लेकर वापस बापू के पास आई।

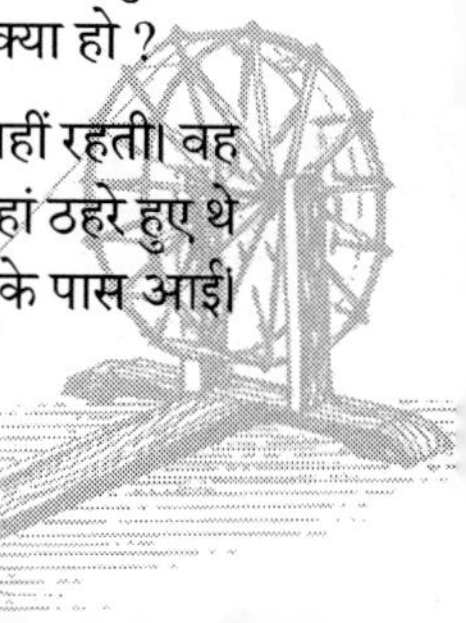

बापू ने पत्थर लेकर कहा, "तुम इम्तहान में पास हो गईं। यह पत्थर बहुत दिनों से मेरे पास था। इसके खो जाने से मुझे बहुत दु:ख होता। इससे तुम्हें यह सबक सीखना चाहिए कि छोटी से छोटी चीज का भी महत्व है। हमें किसी भी वस्तु के प्रति लापरवाही नहीं दिखानी चाहिए।"

अच्छा आदमी

बापू अहमदाबाद प्रवास पर थे। यहां कुछ हरिजन बच्चे उनसे मिलने के लिए आए। बापू जिस कमरे में बैठे थे, उस छोटे स्थान में कई लोग पहले से ही बैठे हुए थे। पर बापू से मिलने के लिए आए हरिजन बच्चों को वे कैसे लौटा सकते थे। बापू को हरिजन अत्यन्त प्रिय थे।

बापू ने हरिजन बच्चों को देखा। वे बच्चे तेरह थे। बापू उठे और बच्चों से कहा, "तुम लोग गिनती जानते हो?"

"हां" कई बच्चे एक साथ बोले।

"अच्छा एक के पीछे एक खड़े होकर बारी-बारी से गिनती गिनो।"

बच्चे एक के पीछे एक खड़े हो गए।

"एक" पहला बच्चा बोला।

"दो" दूसरे बच्चे ने कहा।

इसी तरह गिनती चार तक पहुंची।

पर पांचवें बच्चे ने भी चार ही कहा। कमरे में बैठे सभी लोग हसं पड़े। वह बच्चा शायद चार के आगे की गिनती नहीं जानता था या डर गया था।

किसी तरह तेरह तक गिनती पूरी हुई।

अब बापू ने बच्चों से पूछा, "क्या तुम सम और विषम संख्या जानते हो ?"

बापू के इस सवाल के उत्तर में सभी बच्चे चुप हो गए। कुछ देर के बाद एक दो समझदार बच्चे बोल उठे, "जानते हैं।"

"अच्छा, एक समय संख्या बताओ।" बापू ने कहा।

"दो बच्चे ने उत्तर दिया।"

"और विषम संख्या ?"

"बहुत ठीक। अब विषम संख्या वाले दो कदम आगे आ जाएं।"

बच्चे आगे बढ़े और दो कतारें बने गईं।

अब बापू ने उन बच्चों को पहले कवायद सिखाई फिर उनसे पूछ बैठे, "अच्छा तुममें से जो बच्चे बीड़ी-सिगरेट पीते हों वे हाथ उठा दें।"

छः बच्चों ने हाथ उठा दिए। उन्हें हाथ उठाते देख एक बहुत ही छोटे बच्चे ने हाथ उठा दिया, जितने बच्चे आए थे वह उन सभी में सबसे छोटा था। उसने सोचा होगा कि हाथ उठाने से शायद मिठाई मिलेगी।

बापू ने मुस्करा कर उस छोटे बच्चे को देखा। पास खड़े बचचे ने उस छोटे बच्चे से कहा, "तुम हाथ मत उठाओ। तुम बीड़ी-सिगरेट कहां पीते हो ?" छोटे बच्चे ने अपना हाथ नीचे कर लिया।

बापू ने कहा, "देखो बच्चों, बीड़ी सिगरेट पीना अच्छा काम नहीं है। इससे तुम्हारा मुंह गन्दा हो जाता है। तुम्हारे मुंह से बदबू आती है। तुम्हारा मुंह गन्दा होगा और उसमें बदबू आएगी तो तुमसे कोई बात नहीं करेगा। तुम फिर एकदम अकेले हो जाओगे, तुम्हारे साथ कोई खेलेगा भी नहीं। तुम इसे छोड़ दो। बताओ छोड़ोगे न ?"

बच्चों ने उत्सा से कहा, "जरूर छोड़ेंगे।"

बापू ने इसके बाद कहा, "अच्छा बताओ, क्या तुम्हारे स्कूल के मास्टर बहुत अच्छे हैं ?"

"जी हां, जी हां।" सभी बच्चे एक साथ बोल पड़े।

बापू ने पूछा, "क्या वे तुम्हें बहुत अच्छी तरह पढ़ाते हैं?"

"जी हां।"

"क्या वह कभी मारते भी हैं ?"

"नहीं।"

"कभी नहीं मारते ?"

"यह तो बहुत अच्छी बात है। तो उनमें कोई बुराई नहीं।"

"कोई बुराई नहीं।"

"बच्चों ! क्या तुम ऐसे और भी किसी आदमी को जानते हो जिसमें कोई बुराई न हो ?"

बच्चे चुप रह गए। फिर एक नटखट लड़का बापू की ओर उंगली उठाकर बोला, “तुम हो।”

बापू हंस पड़े, बोले “नहीं अगर मैं एकदम अच्छा होता तो सरकार मुझे बार-बार जेल क्यों भेजती ?”

बच्चे उलझन में पड़ गए। वे चुपचाप खड़ रहे।

बापू ने उन्हें समझाते हुए कहा, “संसार में कोई आदमी एकदम अच्छा नहीं होता। पूरी तरह से अच्छा तो केवल भगवान है जो सभी पर दया करता है। हर आदमी में थोड़ी-बहुत अच्छाई-बुराई अवश्य होती है।” लेकिन जो आदमी बुराई को त्याग कर अच्छाई अपनाता है वही अच्छा आदमी कहलाता है।

बच्चे बापू की बात समझ गए। बापू ने बच्चों को प्रेम से विदा किया।

बच्चों के दुःख से दुःखी बापू

हरिजनों की सेवा के लिए चंदा मांगने के लिए बापू आश्रम से निकले थे। उनकी मोटर बरमान घाट से देवरी जा रही थी। रास्ते में हरे-भरे जंगल और सुन्दर पहाड़ियां थीं। सड़क के निकट ही एक गांव था, उसका नाम महाराजपुर था।

महाराजपुर के पास सड़क पर हजारों गांव वाले खड़े थे। उनमें औरत, आदमी और छोटे-छोटे बच्चे भी थे। इसी भीड़ में आठ साल की भोली बालिका नानी बाई भी थी। वह बापू को देखने की चाहत लिए उत्सुकता में बापू की मोटर की प्रतीक्षा कर रही थी।

बापू की मोटर देखते ही ग्रामीणों ने महात्मा गांधी की जय, बापू की जय के नारे लगाते हुए मोटर की ओर दौड़ पड़ी। भोली बालिका नानी बाई भी बापू की जय, बापू की जय-जयकार करती हुई आगे बढ़ी। तभी उसे जोर का धक्का लगा और वह चीख कर गिर पड़ी। बापू की शिष्या मीरा बहन की मोटर से धक्का खाकर नानी बाई गिर पड़ी थी।

बेचारी नानी बाई ! कहां तो बापू को देखने जा रही थी और कहां घायल हो गई। उसे उठाकर अस्पताल ले जाया गया।

बापू को इस दु:खद घटना की खबर दी गई। वे अपने को न रोक सके और अस्पताल पहुंचे।

बापू ने अस्पताल पहुंचकर देखा कि नानीबाई बिस्तर पर बेसुध पड़ी हुई है।

बापू उसके पास गए और उन्होंने उसकी पीठ थपथपाई और मुस्कराकर उससे बात करने लगे।

भोली नानीबाई अपने प्यारे बापू को देखकर अपनी चोट और दु:ख-दर्द भूत गई। उसका चेहरा और आंखें खुशी से भर गयी। वह हंसकर बापू से बातें करने लगी।

बापू वहां से आगे तभी गए जब उन्होंने नानीबाई के इलाज का ठीक-ठाक इन्तजाम कर दिया। ऐसे थे बापू जो बच्चों के दु:ख से दु:खी हो जाते थे।

लड़कियों का सच्चा गहना

मालाबार के बड़गांव नाम का एक गांव है। बापू हरिजनों के लिए चंदा मांगने इस गांव पहुंचे। एक सभा की गई। इसमें भाषण देने के बाद बापू ने लोगों से देश में अछूत कहे जाने वाले लोगों के लिए अधिक से अधिक धन देने को कहा। उन्होंने माताओं और बहनों से गहनों का दान मांगा। बहुत-सी औरतों ने अपने-अपने गहने उतारकर उन्हें दे दिए।

सभा समाप्त हुई तो बापू दान में मिले जेवरों की नीलामी करने लगे। तभी एक सोलह साल की लड़की धीरे-धीरे मंच की ओर बढ़ी। उसका नाम कौमुदी थी।

मंच पर आकर कौमुदी ने अपने एक हाथ की सोने की चूड़ी उतारी और उसे बापू की ओर बढ़ाते हुए कहा, " क्या आप मुझे अपने हस्ताक्षर देंगे ?"

बापू ने कौमुदी के चेहरे की ओर देखकर मुस्कराये और हस्ताक्षर करने लगे। कौमुदी ने इस बीच दूसरे हाथ की सोने की चूड़ी उतारी और बापू के सामने रख दी।

बापू ने आश्चर्य से कौमुदी की ओर देखा। उसके हाथों में दो ही चूड़ियां थी और दोनों ही वह दिए दे रही थी। उन्होंने कौमुदी से कहा, "पगली लड़की दोनों हाथों की चूड़ियां मत दे। मैं एक ही चूड़ी लेकर तुझे हस्ताक्षर दे दूंगा।"

परन्तु कौमुदी ने बापू की बात नहीं मानी। वह अपने गले में पड़ा सोने का हार भी उतारने लगी। हार उसकी गुंथी हुई लम्बी चोटी में उलझ गया। वह धीरे-धीरे हार को चोटी से निकालने लगी।

सभा में आए लाखों व्यक्ति कौमुदी के साहस को देखकर आश्चर्य में पड़ गए। बापू भी दांतों तले उंगुली दबाए इस निडर बालिका को देखते रह गए।

कौमुदी ने हार उतार कर बापू की ओर बढ़ा दिया। बापू संकोच में पड़ गए और उन्होंन उससे पूछा, "क्या तुमने इस दान के लिए अपने माता-पिता से पूछ लिया है ?"

कौमुदी ने इसका उत्तर अनोखी तरह से दिया। वह बापू से कुछ ने बोली। वह अपने कान में पहने रत्न जड़ित बालियां भी उतारने लगी थी।

सभा में प्रसन्नता और उत्साह उमड़ पड़ा। वह खुश होकर फिर बोले, "तूने इन गहनों को दान करने से पहले अपने माता-पिता से पूछ लिया है ?"

किसी ने सभा के बीच में खड़े होकर जवाब दिया, "कौमुदी के पिता भी सभा में उपस्थित हैं। वे स्व्यं जेवरों की नीलामी में सहायता कर रहे हैं। वे कौमुदी के द्वारा दिए गए दान से अत्यन्त प्रसन्न हैं।"

बापू का चेहरा सुख और संतोष की आभा से भर गया। उन्होंने अपना मुंह कौमुदी की ओर किया और बोले, "तुझे इस बात को बताना होगा कि दान देने के बाद अब तू नए गहने नहीं बनवा पायेगी। तुझे गहनों का मोह हमेशा के लिए त्याग देना होगा।"

कौमुदी ने तुरन्त कहा, "बापू यह मुझे मालूम है और मैं जीवन में फिर कभी गहने नहीं पहनूंगी।"

उसके इस उत्तर से बापू अत्यन्त खुश हुए। उन्होंने उसे इस संदेश के साथ हस्ताक्षर दिए कि, "तेरे इन गहने से अधिक तेरा त्याग ही तेरा सच्चा गहना है।"

बापू का कहना था कि लड़कियों और औरतों को गहने पहनना छोड़ देना चाहिए। उनका सच्चा गहना उनका शील और संस्कार है। उसी से लड़कियों की सच्ची सुंदरता है।

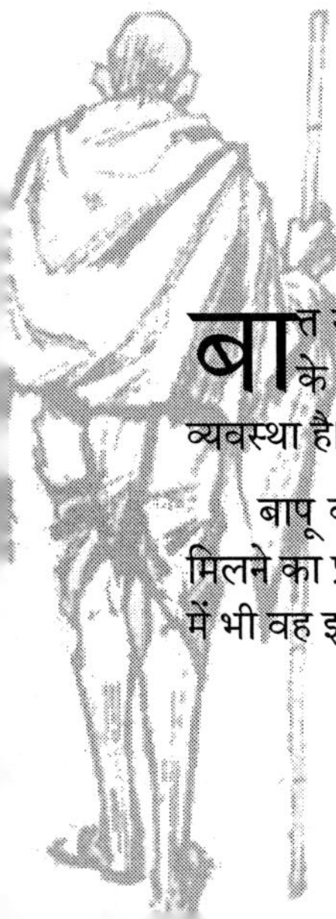

सफाई की सीख

बात सन् 1925 की है। बापू अहमदाबाद आए। यह शहर सूती कपड़ों की मिलों के लिए प्रसिद्ध है। इन मिलों की ओर से बच्चों को पढ़ने के लिए स्कूलों की व्यवस्था है।

बापू को बच्चे अत्यन्त प्रिय थे। वे जहां भी जाते अवसर निकालकर बच्चों से मिलने का प्रयत्न करते। उनका कहना था कि बच्चे इस देश का भविष्य है। अहमदाबाद में भी वह इन स्कूलों में बच्चों से मिलने गए।

सैकड़ों की संख्या में बच्चे अपने प्यारे बापू के स्वागत के लिए इकट्ठे हुए। इन बच्चों ने बापू के सामने चरखे और तकली पर सूत कातकर दिखाया।

बापू ने तेजी से महीन सूत कातते हुए बच्चों को देखा। वे बहुत प्रसन्न हुए। किन्तु एक बात जो उन्होंने देखी वह उन्हें बहुत कष्ट दे रही थी। स्कूली बच्चों के कपड़ गंदे थे। उनके शरीर और दांत भी गंदे थे।

बापू ने बच्चों को सफाई की अच्छाई के सम्बन्ध में बताया फिर वे उनकी ओर देखकर बोले, "तुम लोगों ने अरब देश का नाम सुना है ? "

"हां।" अनेक बच्चे एक साथ बोल उठे।

बापू फिर बोले, "अरब देश के लोग दांतों की सफाई पर बहुत ध्यान देते हैं। उनके दांत मोती की तरह चमकते हैं वे जहाज पर यात्रा करते समय भी दातून साथ रखते हैं।"

बच्चों की समझ में बापू की बात आसानी से आ गई। वे अपनी गन्दगी के लिए मन ही मन लजा रहे थे।

बापू ने कहा, "बच्चों याद रखो, भीतरी सफाई की तरह बाहरी सफाई भी आवश्यक है।"

वह एक सेकेंड के लिए रूके और उन्होंने निकट बैठे हुए एक बच्चे से पूछा, "भीतरी सफाई का मतलब समझते हो ?"

" जी हां, दिल की सफाई।" बालक ने विनम्रता के साथ कहा।

" शाबाश !" बापू ने पूछा, " और दिल कहां है?"

एक लड़के ने छाती पर हाथ रखते हुए कहा, "यहां।"

"बहुत ठीक।" बापू ने मुस्करा कर पूछा, "अच्छा बतलाओ ऐसा चौकीदार कौन है जो दिन-रात पहरा देता है ?"

"भगवान" कई लड़के एक साथ बोल उठे।

"ठीक है। तुम्हें हमेशा इस बात का ध्यान रखना चाहिए कि भगवान को तुम्हारी पहरेदारी में अधिक परेशान न होना पड़े!"

" हम कैसे यह ध्यान रखें ?" एक बच्चे ने पूछा।

"इस तरह कि तुम सभी हमेशा अपना दिल और शरीर साफ रखो। तुम अन्दर बार से साफ रहोगे तो भगवान को तुम्हारी पहरेदारी कम से कम करनी पड़ेगी। इस तरह से तुम भी सुखी रहोगे और भगवा भी तुम पर प्रसन्न होंगे और तुम्हें आशीर्वाद देंगे।"

बापू की बात बच्चों ने दिल से सुनी और समझी। उन्होंने अपने प्यारे बापू के सामने साफ रहने का वादा किया।

प्रेम का पाठ

दिल्ली में हरिजन बच्चों के लिए एक स्कूल खोला गया था। इस स्कूल में हरिजन बच्चे पढ़ाई के साथ ही तरह-तरह के धंधे भी सीखते थे। किसी बच्चे को चमड़े का जूता बनाना सिखाया जाता, तो किसी को लकड़ी को सामान। इस स्कूल के प्रमुख शिक्षक थे श्री नारायण दास मलकानी। वे हरिजन बच्चों से बहुत प्रेम करते थे। बच्चे उन्हें आदर के साथ पिताजी कहा करते थे।

बात सन् 1937 की है। बापू इस स्कूल में बच्चों से मिलने आए। बच्चों ने अपने प्यारे बापू को प्रणाम किया। बापू ने उन्हें आशीर्वाद दिया, फिर उनकी ओर देखकर बोले, “तुम्हारे बीच जो शरारती बच्चे हों खड़े हो जाएं।”

कुछ शरारती बच्चे खड़े हो गए। बापू उन्हें देखकर मुस्कराए, बस इतने ही शरारती बच्चे हैं?

उनकी बात सुनकर कुछ बच्चे और खड़े हो गए।

बापू ने कहा, “क्या तुम झूठ बोलते हो ?”

“जी हां, कभी-कभी।”

“अच्छा तो बच्चे कभी-कभी झूठ बोलते हों वे हाथ उठा दें।”

इस पर लगभग सभी बच्चों ने हाथ उठा दिया। केवल एक बच्चे ने हाथ नहीं उठाया। वह बापू की ओर प्रेम से देखते हुए बैठा रहा।

बापू ने उसे देखा और दूसरे बच्चों से पूछा, “इस लड़के ने हाथ नहीं उठाया। क्या तुम सभी विश्वास दिलाते हो कि यह कभी झूठ नहीं बोलता ?”

कई बच्चे एक साथ बोल उठे, “बापू यह कभी झूठ नहीं बोलता। आप चाहे तो पिताजी से पूछ लीजिए।”

पिताजी (मलकानी जी) ने भी दूसरे बच्चों की तरह इस बच्चे की तारीफ की।

बापू ने उस बच्चे को निकट बुलाकर उसकी पीठ ठोंकी और कहा, "मुझे इस बच्चे पर घमण्ड है। हमारे देश में युधिष्ठर, हरिश्चन्द्र जैसे सत्य बोलने वाले पैदा हुए हैं। बच्चों को बचपन से ही सच बोलना सीखना चाहिए।"

फिर बापू ने कहा, "तुम्हारे बीच सबसे अच्छा लड़का कौन है ?"

बापू के इस प्रश्न के उत्तर में बच्चे चुप रह गए। यह प्रश्न ऐसा था कि जिसका जवाब देने में बच्चों में संकोच था।

बापू ने कहा, " जो लड़का सबसे अच्छा हो वह खड़ा हो जाए।"

इस पर कोई लड़का खड़ा नहीं हुआ। कुछ देर तक लड़के आपस में सलाह करते रहे। फिर उन सभी ने मिलकर एक लड़के को खड़ा किया। इस बच्चे को दूसरे सभी बच्चे अच्छा समझते थे।

बापू ने उस बच्चे की तारीफ की। फिर उन्होंने पूछा, "तुम लोगों को अपने मास्टर के खिलाफ कुछ कहना है?"

लड़के चुप रहे।

बापू ने हंसकर कहा, "तुम सभी निडर होकर बोलो। डर लगता हो तो तुम्हारे मास्टरों को हटा दूं।"

एक लड़का खड़ा हो गया और बोला, "एक मास्टर जी हमे पीटा करते थे।"

"कौन है वह ?" बापू चौंक पड़े। उन्होंने पढ़ाई का जो तरीका अपनाया था उसमें बच्चों को केवल प्रेम से पढ़ाया जाता था। उन्हें मारना-पीटना वर्जित था।

लड़के ने कहा, "वह अब नहीं है। स्कूल छोड़कर चले गए।"

इसके बाद एक लड़का खड़ा हुआ और मलकानी जी की ओर इशारा करते हुए बोला, "पिताजी तो बहुत अच्छे हैं। हमें वह बहुत अच्छी तरह रखते हैं। वे हमें अपने लड़के की तरह ही प्यार करते हैं।"

बापू ठठाकर हंसे, "अच्छा पिताजी भले हैं तो खराब मास्टर कौन है। उसके बारे में भी कुछ बताओ।"

लड़के ने थोड़ी देर सोचा फिर कहा, "ड्रिल मास्टर खराब है।"

"क्यों ?" बापू ने पूछा।

"वह मुझे मैदान में मारते हैं।"

"ओह, ऐसी बात।"

"जी, वह हमें कारखाने में भी जाकर पीटते हैं।"

बापू ने तुरन्त उस मास्टर के बारे में पूछा। पता लगा कि वह एक कॉलेज का विद्यार्थी है। वह लड़कों को कसरत सिखाने आता है। बापू ने उसके इस व्यवहार को बुरा बतलाया और कहा कि बच्चे जो कुछ प्रेम से सीखते हैं वह मार-पीट कर सिखाने से कभी नहीं सीख सकते।

हरिजन स्कूल के बच्चे अपने प्यारे बापू का साथ पाकर बहुत प्रसन्न हुए। उन्हें ऐसा मालूम पड़ा जैसे वे सभी अपने पिता के पास हैं। उन्होंने बापू से कई प्रश्न किए और बापू ने उनका उत्तर भी दिया।

बड़े प्रेम के साथ बापू उन बच्चों से विदा हुए।

सिर पर पैर रखकर चला करें

गांधीजी के नाम पर्याप्त संख्या में प्रतिदिन पत्र आते थे। कभी-कभी लोग उनमें बड़े बचकाने और विचित्र प्रश्न पूछते थे। ऐसे ही एक पत्र में किसी ने बापू से पूछा, "बापू हम तो सवा मन की शरीर लेकर पृथ्वी पर चलते हैं, और बहुत-सी चीटियां कुचल कर मर जाती हैं। बताइये यह हिंसा कैसे रोकी जाये।"

सरदार पटेल पास ही बैठे थे। बापू ने मजा लेने के अंदाज में उनसे कहा, "बताओ क्या जवाब हो इस सवाल का ?" सरदार पटेल ने तुरन्त उत्तर दिया- "इसे लिख दीजिये कि वह पैर सिर पर रख कर चला करे।"

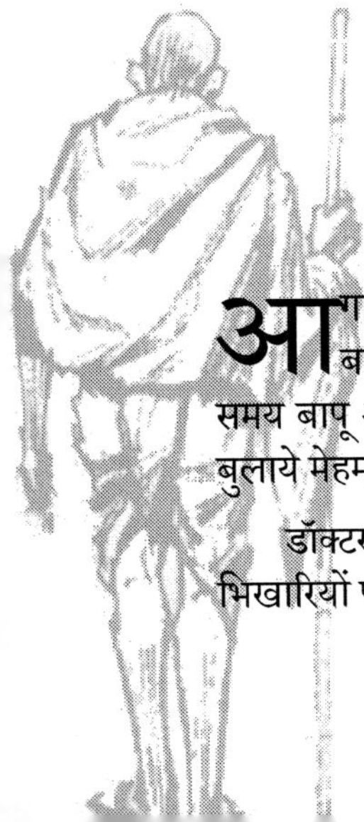

--- क्या लुटेरों से कम हैं

आगा खां महल जेल में बापू और सरदार पटेल एक साथ नजरबंद थे। एक दिन बापू की कुहनी में दर्द उठा। डॉक्टर को बुलवाया गया। जब डॉक्टर आया उस समय बापू और सरदार पटेल भिखारियों की समस्या पर बात कर रहे थे। डॉक्टर बिन बुलाये मेहमान की तरह वार्तालाप में शामिल हो गया।

डॉक्टर बोला, "लार्ड रीडिंग का अनुमान है कि हम प्रतिदिन सोलह लाख रुपये भिखारियों पर व्यय करते हैं, क्या इसका कोई दूसरा उपाय नहीं है ?"

सरदार पटेल को डॉक्टर की दखलंदाजी बुरी लगी। सरदार ने कहा, "आप सही कहते हैं, पर हम इससे भी अधिक डाकुओं पर खर्च करते हैं, उनका क्या करें?"

"मैं समझा नहीं" डॉक्टर ने कहा।

सरदार पटेल व्यंग्यपर्वूक बोले, "विलायत से ये जो इतने अधिक डॉक्टर यहां आये हुए हैं वह क्या लुटेरों से कम हैं ?"

डॉक्टर सकपका कर रह गया और बापू आनन्द लेते रहे।

लोभ की प्रवृत्ति

एक बार की बात है। गांधी जी ने जब पटेल को कुछ वस्तुओं की सूची बनाने के लिए कहा और उनके अनुसार उन्होंने सूची बना ली, तब थोड़ा-सा कागज शेष रह गया। गांधी जी का सिद्धांत था कि थोड़ी-सी भी चीज व्यर्थ न हो।

सरदार पटेल ने मुस्कुराते हुए गांधी जी की तरफ देखा और उस थोड़े से बचे कागज को फाड़ लिया। फिर वह बापू से बोले, "बापू यह देखिये, मैंने इस थोड़े-से कागज को भी बचाकर अलग रख लिया है। किसी ने किसी काम आ ही जायेगा।"

बापू सरदार के व्यंग्य को समझ गये और गम्भीरता से बोले, "अवश्य काम आएगा, अगर मेरी इस लोभ की प्रवृत्ति को सीख लोगे तो अवश्य फायदे में ही रहोगी।"

पुलिस बापू को पकड़ न पायी

यह बात है 1920 की जब असहयोग आंदोलन के दौरान गांधी जी खगड़िया के गोगरी में आए हुए थे। विदेशी वस्तुओं का न केवल बहिष्कार किया जा रहा था बल्कि उन्हें जलाया भी जा रहा था। इसी दौरान स्थानीय आंदोलनकारी सुरेश चन्द्र मिश्र के अनुरोध पर डॉ. राजेन्द्र बाबू के साथ गांधी जी गोगरी पहुंचे थे।

गांधी जी गोगरी के गंगा तट पर स्टीमर से आए थे। असहयोग आंदोलन तेज होने के कारण ब्रिटिश हुकूमत परेशान थी। पूरे देश में आंदोलन शवाब पर था। पुलिस गांधी जी को खोज रही थी। जब उन्हें यह जानकारी मिली कि वे गोगरी में हैं तो वहीं गिरफ्तारी

की योजना बनाई। लेकिन स्वतंत्रता सेनानियों को कानोंकान यह खबर मिल गई। फिर क्या था- इन लोगों ने गांधी जी को खटिया में बिठाकर स्टीमर से गंगा पार करा दिया। हालांकि गांधी जी यह नहीं चाहते थे। लेकिन उन्हें अपने समर्थकों की बात माननी पड़ी।

मोची बने बापू

गांधी जी ने चप्पल बनाने की कला दक्षिण अफ्रीका में अपने जर्मन मित्र कलेन बारव से सीखी थी। बाद में जूता बनाने लगे थे। उन्होंने कई लोगों को जूता बनाना सिखाया भी था।

एक समय तो गांधी जी ने पैंट के साथ चप्पल पहनने का फैशन चला दिया था। क्योंकि गरम देश में चप्पल अधिक आरामदेह होती है।

63 वर्ष की आयु में गांधीजी सरदार पटेल के साथ यरवदा जेल में बंद थे। बल्लभ भाई पटेल को एक जोड़ी चप्पलों की जरूरत थी लेकिन जेल में कोई मोची नहीं था।

गांधी जी पटेल से बोले, "अगर मुझे अच्छा चमड़ा मिल जाए तो मैं तुम्हारे लिए चप्पल बना सकता हूं।"

साबरमती आश्रम में गांधीजी कई ऐसे काम भी करते थे जिन्हें आमतौर पर नौकरों का काम माना जाता है। वे प्रतिदिन चक्की पर आटा पीसते थे। रसोई घर में सब्जियां छीलते थे। आश्रम के बाहर बने हुए कुएं से वह प्रतिदिन पानी भी खींचते थे।

गांधीजी का पाक कला प्रेम

गांधीजी को चावल, दाल, रसेदार सब्जी, सलाद, संतरे और संतरे के छिलके का मुरब्बा, केक, बेकिंग पाउडर की डबल रोटी, चपाती और खरखरा बनाना आता था।

पाक कला को गांधीजी शिक्षा का आवश्यक अंग मानते थे।

गांधीजी जब इंग्लैण्ड में पढ़ते थे तब 18 वर्ष की उम्र में उन्होंने पहली बार भोजन बनाया था। वह अपना नाश्ता और रात का भोजन स्टोव पर बनाया करते थे। बाद में

सेवा ग्राम में भी पाककला को अत्यन्त सरल बना दिया था। उन्होंने अल्पाहार में अनेक नये-नये प्रयोग किए और पाक कला में उनकी रुचि जीवन भर बनी रही।

बीमारों के सेवादार बापू

सेवा ग्राम में प्राय: यह कहा जाता था कि यदि आप बापू की निकटता चाहते हैं तो बीमार पड़ जाइए। बापू हर बीमार का काफी ध्यान रखते थे, और निरंतर खबर लेते रहते थे।

एक बार बापू ने सेवा ग्राम में प्रतिदिन एक घंटा बीमार व्यक्तियों को देखने का निश्चय किया। आसपास के गांवों के अनेक बीमार लोग उनके पास आने लगे।

सभी के लिए उनका एक ही नुस्खा था, हरी सब्जी खाओ, मट्ठा पियो और मिट्टी की पट्टी रखो। उन्होंने स्वयें पर पत्नी और बच्चों पर प्राकृतिक चिकित्सा के अनेक प्रयोग किए।

भिखारियों के राजा बापू

पंडित मदन मोहन मालवीय गांधीजी को भिखारियों का राजा कहते थे। सार्वजनिक हित से जुड़े कार्यों के लिए जनतासे धन मांगने में वे दुनिया भर अव्वल थे। एक बार वह एक धन सम्पन्न व्यक्ति के यहां गए और उससे 80 रुपये का चंदा मांगा। पर वह व्यक्ति 30 रुपये से अधिक देने के लिए राजी न हुआ।

उस समय गांधीजी भूखे और थके थे लेकिन उन्होंने हार नहीं मानी और सारी रात उसके यहां बैठे रहे। सुबह 80 रुपये लेकर ही वे वहां से हटे।

जब कभी देश के किसी भाग में भूकं, बाढ़ और अकाल जैसा कोई संकट आता था तो वे के लिए झोली फैलाकर भीख मांगने निकल पड़ते थे।

एक बार जेल के एक डॉक्टर ने गांधीजी से पूछा क्या आप ऐसा नहीं मानते कि स्वस्थ शरीर के लोगों को भीख मांगने से रोकना उचित है। क्या आप इसके लिए कानून बनाने के पक्ष में हैं।

गांधीजी ने उत्तर दिया, "अवश्य, किन्तु मेरे जैसे लोग को भीख मांगने की छूट मिलनी चाहिए।"

गांधीजी के रूप अनेक

गांधीजी जूते बनाना तो जानते ही थे, वहीं वे एक कुशल नाई भी थे। वे अपने बाल स्वयं काटते थे। साबरमती आश्रम में नाई की व्यवस्था नहीं थी। वे अच्छे धोबी भी थे। अपने खर्च में कमी लाने के लिए उन्होंने स्वयं अपने कपड़े धोना शुरू किया। वे समाचार पत्रों के लिए लेख भी लिखते थे। उन्होंने इंडियन ओपीनियन, यंग इंडिया और हरिजन पत्रिका का संपादन भी किया।

गांधीजी और भी बहुत कुछ थे मसलन पुरोहित, सेनापति, कैदी, कुशल दुकानदार, नीलामीकर्ता, मितव्ययी और भी न जाने क्या-क्या। लेकिन गांधीजी का प्रत्येक रूप सच्चा और मन पर गहरी छाप छोड़ने वाला है।

वक्त की कीमत

मोहन बचपन से ही दृढ़ निश्चयी था। एक बार ऐसा हुआ कि राजकोट में स्कूल के खेल के मैदान में वह देर से पहुंचा। खेल समाप्त हो गए थे और उसके सभी साथी खेल के मैदान से जा चुके थे।

दूसरे दिन प्रधानाध्यापक ने उससे पूछा, "तुम कल खेल में सम्मलित क्यों नहीं हुए?"

मोहन ने कहा, "सर, मेरे पास घड़ी नहीं है, आसमान में बादलों के कारण सूर्य के छिपे होने, और रोशनी के अभाव में मैं समय का सही अनुमान नहीं लगा सका, इसलिए खेल के मैदान में देर से पहुंचा, जब मैं वहां पहुंचा तब सभी वहां से जा चुके थे।"

प्रधानाध्यापक बहुत बिगड़े और उन्होंने कहा, "तुम झूठ बोलते हो।"

मोहन पर इस बात का बहुत गहरा प्रभाव पड़ा। हालांकि उसने झूठ नहीं बोला था। लेकिन समय पर न पहुंच सकने के कारण उस पर झूठ बोलने का आरोप लगा। उसी

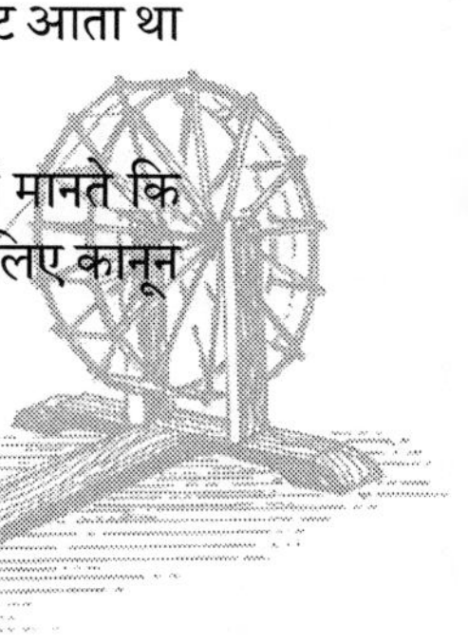

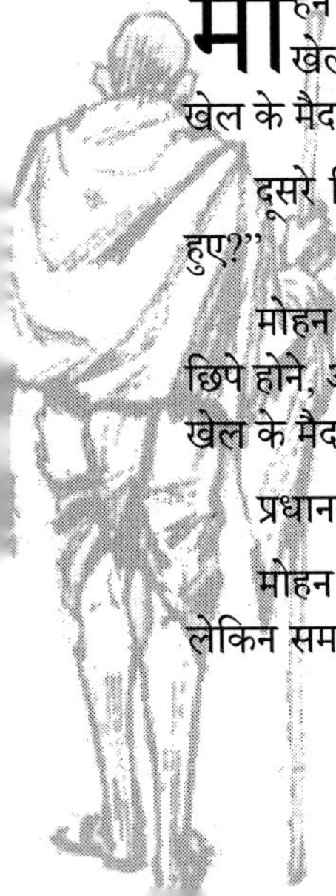

समय उसने मन ही मन निश्चय किया कि अब वह आगे हमेशा समय का ध्यान रखेगा और उसने अपने इस निश्चय का पालन जीवन भर किया।

पर्यावरण प्रेमी बापू

बापू को प्रकृति और पर्यावरण से भी बड़ा प्रेम था। वे फुर्सत के क्षणों में जंगल में जाकर उसकी शोभा को देखते। कई बार उन्होंने जंगल में पहुंचकर नीम, आम और चंदन के बीज बोए। वे हमेशा प्रकृति को हंसते-मुस्कराते देखना चाहते थे।

वे जब यरवदा जेल में निरूद्ध थे तो किसी कारणवश उन्हें नीम की दातून मिलनी बंद हो गई। इस पर काका कालेलकर ने कहा, “बापू ! यहां तो नीम के अनेक पेड़ हैं। मैं आपको प्रतिदिन ताजी दातून ला दिया करूंगा, आप परेशान न हो।”

फिर दूसरे दिन वे चार-पांच दातून ले आए। उन्होंने एक दातून के एक छोर की कूंची बनाई। उसे प्रयोग में लाने के बाद बापू बोले, “अब इसका कूंची वाला भाग काट डालो और इसकी फिर नई कूंची बना दो।”

यह सुनकर काका साहब विस्मय के साथ बोले, “लेकिन बापू यहां तो प्रतिदिन नई दातून आसानी से मिल सकती है।”

बापू बोले, “यह तो मैं भी जानता हूं, लेकिन हमें इसका अधिकार नहीं है। जब तक एक दातून बिल्कुल सूख ने जाये हम उसे कैसे फेंक सकते हैं। प्रकृति को व्यर्थ में नष्ट नहीं करना चाहिए, प्रकृति को सुरक्षित रखना प्रत्येक मनुष्य का कर्तव्य है।”

बापू की फटी धोती

बार किसी ने बापू से कहा, "बापू , आपकी धोती फटी हुई है।" गांधीजी बाथरूम में चले गये और अपने वस्त्रों को थोड़ा ठीक करके बाहर निकले और फिर कहा, "अब देखो, कहां से फटी दिख रही है ज़रा मुझे बताओ? अब फटने के लिये बहुत सारी जगह बाकी है।'

कहने का यह मतलब था वे संसाधनों को बर्बाद नहीं करना चाहते थे; वे स्वभाव से एक उपभोक्तावादी नहीं बनना चाहते थे।

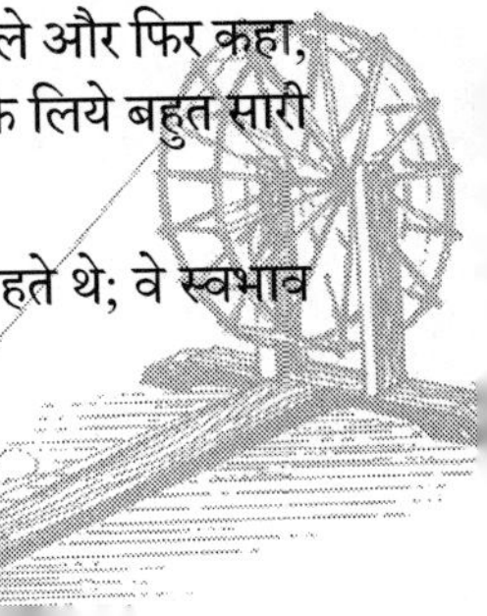

मौत सामने थी और गांधीजी ने कहा, 'चलो डिक्टेशन लो...'

यह घटना तब की है जब महात्मा गांधी दार्जिलिंग के लिए एक छोटे सी ट्रेन में सफर कर रहे थे। ट्रेन पहाड़ी के ऊपर चल रही थी जब कहीं पर इंजन अपने आप से डिब्बों से कट गया। तो इंजन आगे चला गया और डिब्बे पीछे फिसलना शुरू हो गए। वहां चारों ओर भगदड़ मची हुई थी,जबकि महात्मा गांधी पत्र लिखा रहे थे।

जो व्यक्ति बापू से डिक्टेशन ले रहा था उसने कहा, "बापू हम जिंदा नहीं बच सकते हैं,हम मौत और जीवन के बीच में बैठे हैं।"

महात्मा गांधी ने कहा, "अगर हम मर जाते हैं, तो हम मर जायेंगे, लेकिन अगर हम बच गए तो हमारा कितना समय बर्बाद होगा? चलो, डिक्टेशन लो।' वह अपने जीवन का एक क्षण भी बर्बाद नहीं होने देते।"

सेवा से खुश हुए बापू

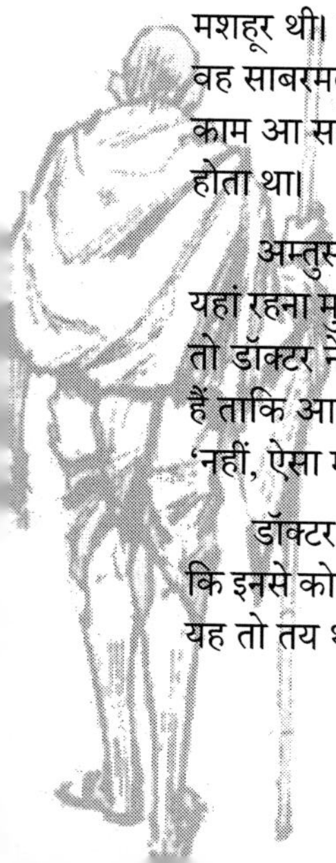

साबरमती आश्रम के नियम बड़े ही सख्त थे। कठोर अनुशासन में खुद को तपाने और मजबूत बनाने की यह गांधी जी की प्रयोगशाला अपने नियमों के लिए मशहूर थी। बीबी अम्तुस्सलाम जिन्हें महात्मा गांधी ने अपनी बेटी कहकर बुलाया है, वह साबरमती आश्रम में रहना चाहती थीं। उनकी दिली इच्छा थी कि वह देश सेवा के काम आ सकें मगर आश्रम के नियमानुसार सभी को अपने स्वास्थ्य का प्रमाणपत्र देना होता था।

अम्तुस्स्लाम को बचपन से ही फेफड़ों की बीमारी थी। इस वजह से उनके लिए यहां रहना मुश्किल था। जब वह अपने परिचित डॉक्टर के पास प्रमाणपत्र बनवाने पहुंचीं तो डॉक्टर ने कहा, 'आप कहें तो आपके प्रमाण पत्र पर लिख देते हैं कि आप स्वस्थ हैं ताकि आपको आश्रम में प्रवेश मिल जाए।' लेकिन अम्तुस्सलाम ने डॉक्टर से कहा, 'नहीं, ऐसा मत कीजिए। आप वही लिखिए जो सही है।'

डॉक्टर ने लिख दिया कि यह बेहद बीमार हैं और इनके फेफड़े इस लायक नहीं हैं कि इनसे कोई काम हो सके। अम्तुस्सलाम ने उसी प्रमाणपत्र को आश्रम में भिजवा दिया। यह तो तय था कि इस प्रमाणपत्र को देखने के बाद आश्रम में उन्हें प्रवेश नहीं मिलेगा।

आश्रम से जवाब आया कि आपको आश्रम में रहने की तो इजाजत नहीं है, मगर आप कुछ वक्त के लिए आश्रम आकर यह देख सकती हैं कि यह कैसे चलता है और यहां क्या-क्या होता है।

अम्तुस्सलाम इतने भर से ही खुश हो गईं। आश्रम देखने की इस छोटी अवधि में वह इस कदर सेवा में जुटी रहीं कि महात्मा गांधी ने उन्हें हमेशा साबरमती आश्रम में रहने की इजाजत दे दी। जब हम सब बीमारियों का बहाना बनाकर अपने कामों से जी चुराते हैं, तब हमें अम्तुस्सलम जैसे चरित्र बताते हैं कि सख्त बीमारी को झेलते हुए भी देश के लिए कैसे खड़ा रहा जाता है।

छोटी से पेंसिल से दिया बड़ा सबक

गांधीजी जब अफ्रीका में थे तब उनके पास उनका परपोता आया हुआ था। गांधीजी ने एक नयी पेंसिल अपने परपोते को दी। लिखते-लिखते जब पेंसिल छोटी हो गयी तो बच्चे ने सोचा कि अगर मैं इस पेंसिल को फेंक दूं तो मुझे नयी पेंसिल मिल जायेगी। ऐसा सोचकर उसने पास ही की झाड़ियों में वह पेंसिल फेंक दी।

उसने गांधीजी से नयी पेंसिल मांगी। गांधीजी ने उसे पुरानी पेंसिल लाने को कहा। बच्चे ने कई बहाने बनाये पर आखिरकार उसे झाड़ियों से ढूंढ कर वह पेंसिल लानी पड़ी। पेंसिल देखकर गांधीजी ने कहा, 'अभी भी यह पेंसिल किसी ना किसी के काम आ सकती है।' बच्चा समझ गया और उसने उसी पेंसिल से लिखना शुरू कर दिया।

गांधीजी जानते थे कि देश में ऐसे कई परिवार हैं जिन्हें दो वक्त का खाना भी नसीब नहीं होता। पढ़ना-लिखना तो बहुत दूर की बात थी। इसलिए गांधीजी पैसे का महत्त्व बहुत अच्छे से जानते और समझते थे।

मामूली बात का महत्व

यह घटना सन् 1945 की है। जब गांधीजी गवर्नर के.सी. साहब से मिलने गए थे। जब वह वहां थे तब गांधी जी के मित्र सतीश बाबू ने उनसे कहा कि आलू बोने का

समय एक सप्ताह बाद समाप्त हो जाएगा, किन्तु आलू के बीज किसानों को उपलब्ध नहीं हो पा रहे हैं। आलू के बीज पर कंट्रोल था और बाजार में नहीं मिलते थे।

व्यापारियों ने अधिक पैसा कमाने के लिए आलू के बीजों को जमा करके रोक लिया था।

जब गांधीजी को यह बात मालूम हुई तब उन्होंने यह विचार नहीं किया कि इतनी छोटी-सी बात को गवर्नर साहब को क्यों लिखा जाए। वह गरीबों एवं किसानों की समस्याओं को इतना महत्व देते थे कि उन्हें यह बात छोटी और मामूल नहीं लगी। उन्होंने तुरन्त गवर्नर के०सी० साहब को एक पत्र लिखा, जिसमें उन्होंने कहा कि आलू बोने वालों की सहायता की जाए तो अच्छा होगा।

जब गवर्नर साहब को गांधीजी का पत्र मिला तो उन्हें अत्यनत आश्चर्य हुआ। फिर भी गांधीजी की बात कैसे टालें।

उन्होंने तुरन्त अपने सेक्रेटरी से कहा कि आलू के बीजों का प्रबन्ध आज ही करा दिया जाय क्योंकि इसकी वजह से मिस्टर गांधी परेशान हैं।

सचिव ने तुरन्त एक अन्य अफसर को बुलाया और कहा कि आलू के बीज के वितरण का प्रबन्ध किया जाय। जब गांधीजी को यह बात मालूम हुई तो वह बहुत प्रसन्न हुए।

अनेक अर्जुन

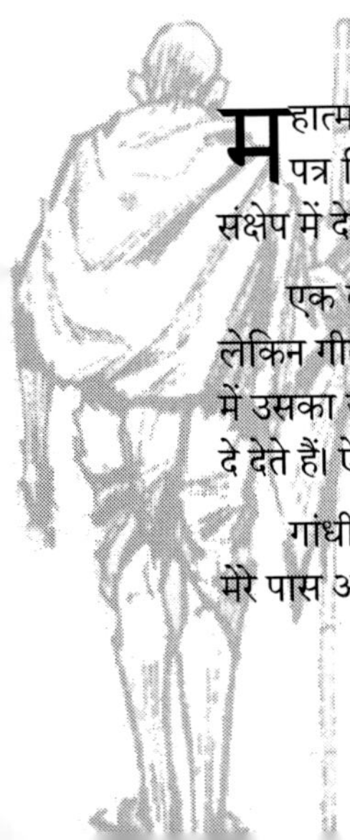

महात्मा गांधी सन् 1930 में जेल में थे। साबरमती आश्रम के बच्चे हर सप्ताह उन्हें पत्र लिखा करते थे। पत्रों में वे अजीब-अजीब प्रश्न पूछते। गांधीजी उनका जवाब संक्षेप में देते।

एक बार एक बच्चे ने शिकायत लिखी, बापू, आप गीता की चर्चा बहुत करते हैं, लेकिन गीता में अर्जुन बहुत संक्षेप में प्रश्न पूछते थे और भगवान श्रीकृष्ण अनेक वाक्यों में उसका जवाब देते थे किन्तु आप हमारे लम्बे-लम्बे प्रश्नों का जवाब एक ही वाक्य में दे देते हैं। ऐसा क्यों ?

गांधी जी ने उत्तर लिखा- कारण स्पष्ट है। श्रीकृष्ण के पास एक अर्जुन था, जबकि मेरे पास अर्जुनों का पूरा झुंड है। उत्तर लिखते हुए गांधीजी मुस्करा रहे थे।

मैं तुम सब लोगों की खुशामद करता हूं बस

गांधीजी से मिलने वालों की अक्सर भीड़ लगी रहती थी। मिलने वालों में डॉक्टर, वकील, जज, इंजीनियर आदि होते, तो अनपढ़ किसान, मजदूर भी होते। एक दिन ऐसे ही मिलने वालों की भीड़ लगी थी। उनमें एक धनाढ्य थे तो एक डॉक्टर भी थे। धनिक महाशय पहले से गांधीजी से मिलने के लिए उनके कक्ष में थे, जबकि डॉक्टर बाहर इंतजार कर रहे थे। धनिक महाशय की बातों का कोई अंत नहीं था। वे गांधीजी से अनेक विषयों पर बात करते रहे। शायद वे सोच रहे थे कि जितनी लंबी गांधीजी से बात होगी, उतना ही उनका कद बड़ा होता जाएगा। उन्हें गांधीजी के कीमती समय का भान ही नहीं रहा।

देखते-देखते एक घंटा बीत गया और बाहर मिलने वालों की भीड़ सघन होती गई। उनमें डॉक्टर भी थे, उनकी बेचैनी बढ़ती जा रही थी। उन्हें गांधीजी से कोई बहुत जरूरी काम था। इसी बेचैनी में वे क्रोधित भी हो रहे थे। एक घंटे बाद जब वह धनिक महाशय चले गये तो उनकी जान में जान आई। उन्होंने लंबी सांस ली और कक्ष में प्रवेश कर गए। परेशान तो थे ही।

कुछ कठोर होकर बोले, 'बापूजी क्या आप उस बैल को दुह रहे थे? उसमें से कुछ दूध निकला भी?' गांधीजी डॉक्टर की बेचैनी समझ गए। वे अत्यंत नम्र होकर, मानो क्षमा मांगते हुए बोले, 'भाई मैं लोभी ठहरा। जिस तरह तुम सब लोगों की खुशामद करता हूं, वैसे ही उनकी खुशामद भी कर रहा था। शायद किसी दिन देश के काम आ जाए। यही कारण है कि उनकी बातचीत को बीच में नहीं रोक पाया।' गांधीजी की विनम्रता देखकर डॉक्टर महाशय भी नियंत्रित हो गए। इस तरह गांधीजी उपस्थित होने वाली हर असामान्य स्थिति को सामान्य बना देते थे। गांधीजी की विनम्रता एवं सबके प्रति तटस्थ नजरिया असंख्य लोगों को उनसे जोड़ देता था।

गांधीजी की जिंदगी से जुड़े कुछ रोचक तथ्य

देश को अजादी दिलाने वाले महात्मा गांधी जी के बारे में तो आप बहुत कुछ जानते होंगे लेकिन फिर भी कुछ बातें ऐसी हैं जो शायद ही किसी को पता हो। यहां गांधी जी के जीवन से जुड़ी कुछ ऐसी दिलचस्प बातें हैं जिन्हें जानकार आपको हैरानी होगी।

संयुक्त राष्ट्र ने महात्मा गांधी के जन्म दिन 2 अक्टूबर को विश्व अहिंसा दिवस (world non-violence day) के रुप में घोषित किया था।

महात्मा गांधी जन्म से बहादुर और बोल्ड नेता नहीं थे। बल्कि वो एक शर्मीले बच्चे हुआ करते थे। उन्होंने अपनी आत्मकथा में लिखा है कि बचपन में इतने शर्मीले थे वो स्कूल से ही भाग जाते थे ।

साल 1930 में उन्हें अमेरिका की टाइम मैगजीन ने "Man Of the Year" से टाइटल से नवाजा था।

महात्मा गांधी जीवन में कभी अमेरिका नहीं गए। और ना ही कभी एयर प्लेन में बैठे थे।

साल 1931 की इंग्लैंड यात्रा के दौरान महात्मा गांधी ने पहली बार रेडियो पर भाषण दिया था, ये भाषण उनका अमेरिका के लिए था। रेडियो पर उनका पहला वाक्या था "क्या मुझे इस माइक्रोफोन के अंदर बोलना पड़ेगा?" "Do I have to speak into this thing?"

गांधी जी अपनी क़ानून की पढ़ाई ख़त्म कर विदेश में वकालत करने लगे, लेकिन वो पूरी तरह असफल हुए थे। यहां तक कि उनके पहले केस में उनकी टांगें काम्पने लगीं थी। और तो और वो पूरी बहस किये बिना ही बैठ गए थे, अपना पहला केस भी हार गए थे।पहला केस हारने के बाद महात्मा गांधी ने बहुत मेहनत की और दक्षिण अफ्रीका में वो बहुत सफल वकील बन गए।

महात्मा गांधी को अपनी फोटो खिचंवाना बिल्कुल पसंद नहीं था, आज़ादी की लड़ाई दौरान वो इकलौते शख्स थे, जिनकी सबसे ज्यादा फोटो ली गई थी।

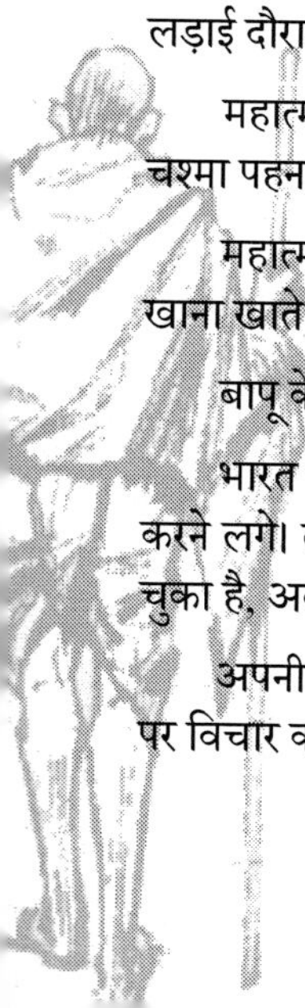

महात्मा गांधी को सम्मान देने के लिए ही एप्पल के संस्थापक स्टीव जॉब्स, गोल चश्मा पहना करते थे।

महात्मा गांधी अपने नकली दांत अपनी धोती में बांध कर रखा करते थे। वो केवल खाना खाते वक्त ही इसको लगाया करते थे।

बापू के बेटे ने उन्हें छोड़ था और इस्लाम धर्म को अपना लिया था।

भारत की आजादी के बाद कुछ पत्रकार गांधी के पास आए और अंग्रेजी में बात करने लगे। तब गांधी जी ने उन्हे रोका था और कहा था कि, मेरा देश अब आजाद हो चुका है, अब मैं हिन्दी भाषा ही बोलूंगा।

अपनी मौत से एक दिन पहले मोहन दास करमचंद गांधी कांग्रेस को खत्म करने पर विचार कर रहे थे।

बापू जिन देशों में गए वहां के लोग गांधी जी की विचारधारा से प्रभावित हुए। इसके कारण वे विश्व भर में काफी लोकप्रिय हुए। इसके परिणामस्वरूप लगभग 125 देशों ने महात्मा गांधी के जीवन-चरित्र के विभिन्न पक्षों पर डाक टिकट प्रकाशित किये हैं।

गांधी जी की शवयात्रा को आजाद भारत की सबसे बड़ी शवयात्रा कहा गया था। उनकी शवयात्रा में करीब दस लाख लोग साथ चल रहे थे और 15 लाख से ज्यादा लोग रास्ते में खड़े हुए थे।

पूरे जीवन में एक करोड़ शब्द लिखे

देश के लिए चार दशक के स्वतंत्रता आंदोलन के दौरान गांधीजी ने करीब 1 करोड़ शब्द लिखे यानी रोज करीब 700 शब्द। उन्होंने मूल रूप से सात किताबें लिखीं और भगवद् गीता का गुजराती में अनुवाद किया। उनकी शुरुआती तीन किताबें उनके आंदोलन, मानव जीवन और आर्थिक विचार को स्पष्ट करती हैं। 'आत्मकथा : सत्य के साथ मेरे प्रयोगों की कहानी' में बचपन से लेकर 1921 तक की घटनाओं का वर्णन है। यह उनके साप्ताहिक 'नवजीवन' में 1925 से 1929 तक श्रृंखला के रूप में प्रकाशित हुई। उनकी दूसरी किताब थी 'हिंद स्वराज।' इसमें उन्होंने स्वदेशी आधारित स्वराज व आत्मनिर्भरता का विचार दिया। यह उन्होंने लंदन से दक्षिण अफ्रीका जाते हुए 13 से 22 नवंबर 1909 में लिखी। महात्मा गांधी ने पुणे के आगा खां पैलेस जेल में रहते 28 अगस्त से 18 दिसंबर 1942 के बीच 'आरोग्य की कुंजी' लिखी थी। किताब में गांधीजी किसी डॉक्टर की भांति नुस्खे बताते नज़र आए हैं। वे मानव-शरीर के अनोखे-भेद कुशल डॉक्टर की भांति बताते चले जाते हैं। वे हवा, पानी, शारीरिक-खुराक, मसाले, चाय, मादक-पदार्थ, अफीम, ब्रह्मचर्य, पृथ्वी, आकाश, तेज, चाय, कॉफी, कोको, ताड़ी तक की अच्छी जानकारी देते हैं। उनके लेखन में राजनीतिक और बाल विवाह प्रथा पर रोक, शराबबंदी,अस्पृश्यता, स्वच्छता और राष्ट्र निर्माण जैसे विषय प्रमुख रहे।

पांच प्रतिशत सबसे धनी भारतीयों में शुमार

दक्षिण अफ्रीका के नेटाल स्थिति दादा अब्दुल्ला एंड सन्स कंपनी में वकील के बतौर गांधीजी को सालाना 15 हजार डॉलर का वेतन दिया जाता था। यदि आज की महंगाई

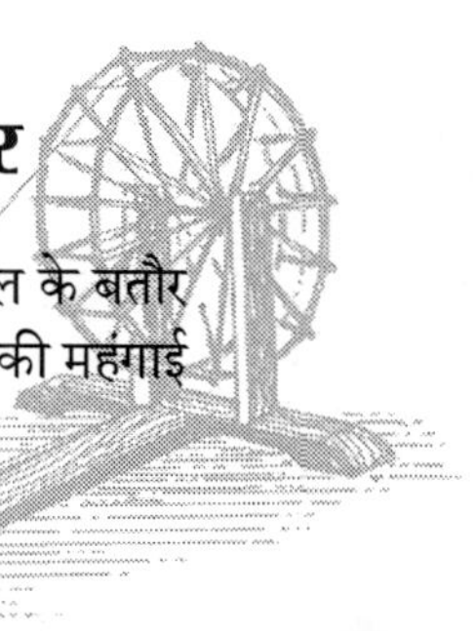

दर और अन्य आर्थिक तत्वों को ध्यान में रखकर हिसाब करें तो यह 12 लाख रुपए सालाना से ज्यादा रकम होती है, जिससे उस वक्त वे भारत के 5 फीसदी सबसे धनी लोगों की बिरादरी में शामिल हो सकते थे। अब्दुल्ला एंड सन्स का जो मामला उन्हें दक्षिण अफ्रीका लाया था, वह मई 1894 में खत्म हो गया था और गांधीजी भारत लौटने की तैयारी करने लगे थे। लेकिन नेटाल सरकार के एक बिल में सिर्फ यूरोपीय मूल के लोगों को मताधिकार देने के प्रस्ताव ने उनका ध्यान खींचा और उन्होंने इसके खिलाफ भारतीयों की मदद करने का मन बना लिया। इसकी बजाय वे भारत लौटकर वकालत जारी रखते तो निश्चित ही अब्दुल्ला कंपनी से अधिक अर्जित कर पाते। गांधीजी के निःस्वार्थ कार्यों और वहां जमी वकालत को देखते हुए तो ऐसा लगने लगा था कि जैसे वे नैटाल में बस गए हों। 1896 के मध्य में वे अपने पूरे परिवार को अपने साथ नैटाल ले जाने के उद्देश्य से भारत आए। अपनी दक्षिण अफ्रीका की दूसरी यात्रा के बाद गांधीजी में अद्भुत बदलाव आया। पहले वे अंग्रेजी बैरिस्टर जैसा जीवन जीते थे किंतु अब वे मितव्ययिता को अपने जीवन में स्थान देने लगे। उन्होंने अपने खर्च और अपनी आवश्यकताओं को कम कर दिया। गांधीजी के मुताबिक उन्होंने 'जीने की कला' सीखी। कपड़ा इस्तरी करने, सिलाई आदि काम वे खुद करने लगे। वे अपने बाल खुद काटते। साफ-सफाई भी करते। वे प्रतिदिन दो घंटे का समय एक चैरिटेबल अस्पताल में देते, जहां वे एक कंपाउंडर की हैसियत से काम करते थे।

इतना पैदल चले कि धरती के दो चक्कर लग जाते

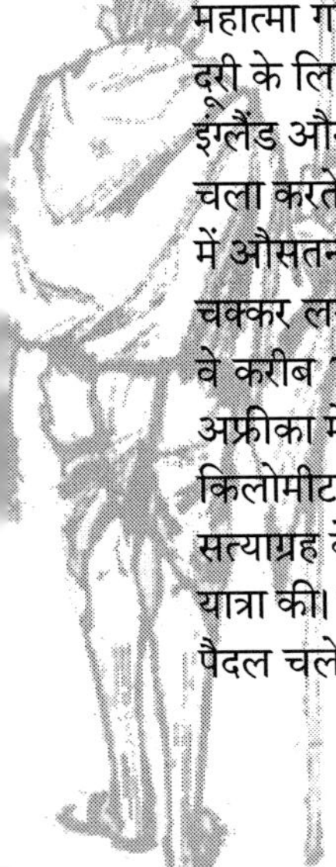

महात्मा गांधी मानते थे कि पैदल चलना व्यायाम का राजा है, इसलिए वे बहुत लंबी दूरी के लिए भी किसी साधन की बजाय पैदल चलने को तरजीह देते थे। पढ़ाई के लिए इंग्लैंड और वकील के रूप में दक्षिण अफ्रीका में रहते समय वे पैसे बचाने के लिए पैदल चला करते थे। इसका जिक्र उन्होंने अपनी आत्मकथा में भी किया है। वे अपने पूरे जीवन में औसतन रोज 18 किलोमीटर पैदल चले। इतनी पैदल यात्रा में तो वे दो बार धरती का चक्कर लगा सकते थे। 1913 से 1938 तक विभिन्न आंदोलनों के दौरान 25 वर्षों में वे करीब 79,000 किलोमीटर पैदल चले। उन्होंने खुद एक जगह लिखा है कि दक्षिण अफ्रीका में टॉलस्टाय आश्रम की स्थापना के समय वे एक ही दिन में 51 मील (82.07 किलोमीटर) चले थे। दांडी यात्रा के दौरान वे करीब 390 किलोमीटर चले थे। इस नमक सत्याग्रह के दौरान गांधीजी ने 24 दिनों तक रोज औसतन 16 से 19 किलोमीटर पैदल यात्रा की। दांडी यात्रा से पहले बिहार के चंपारन में सत्याग्रह के दौरान भी गांधीजी बहुत पैदल चले थे। इसके दो साल पहले 1915 में दक्षिण अफ्रीका से लौटने के बाद भारत

को जानने के लिए की गई देशभर की यात्रा के दौरान भी गांधीजी ने गांवों में काफी पैदल यात्रा की थी।

1946 में खींचा गया था मुस्कुराता हुआ फोटो

भारतीय करेंसी नोटों पर हमें गांधीजी का मुस्कुराता हुआ फोटो नज़र आता है। यह फोटो लोगों में बहुत लोकप्रिय है। कई लोगों को लगता है कि यह हाथ से बनाया गया रेखा-चित्र है। लेकिन, सच तो यह है कि किसी अज्ञात फोटोग्राफर ने 1946 में यह फोटो खींचा था। तब गांधीजी भारत और बर्मा (म्यांमार) के ब्रिटिश सेक्रेटरी फ्रेडेरिक पेथिक लॉरेंस के साथ दिल्ली के वायसराय हाउस में मुलाकात कर रहे थे, जो अब राष्ट्रपति भवन कहलाता है।

गांधीजी से उपहार में मिले चरखे की यांत्रिक सादगी पर मुग्ध हुए अमेरिकी उद्योगपति फोर्ड

महात्मा गांधी कभी अमेरिका नहीं गए पर वहां उनके बहुत से प्रशंसक व अनुयायी थे। इनमें से एक थे प्रसिद्ध उद्योगपति हेनरी फोर्ड। 25 जुलाई 1941 को इस अमेरिकी ऑटोमेकर ने डियरबोर्न (मिशिगन) से गांधीजी को पत्र लिखा और भारत से ब्रिटिश शासन को खत्म करने के लिए उनके अहिंसक-असहयोग आंदोलन की प्रशंसा की। उन्होंने लिखा, 'मैं इस मौके पर आपसे कहना चाहता हूं कि मैं आपके जीवन और संदेश का बहुत बड़ा प्रशंसक हूं। आप उन महानतम लोगों में से हैं, जिसे इस दुनिया ने जाना है।' उस वक्त नाज़ी जर्मनी ने पोलैंड पर हमला कर दिया था। बदले में ब्रिटेन और फ्रांस ने उसके खिलाफ युद्ध छेड़ दिया था। राष्ट्रपति फ्रेंकलिन रुजवेल्ट के नेतृत्व में अमेरिका उनके साथ था। फोर्ड चाहते थे कि अमेरिका तटस्थ बना रहे पर सरकार उनकी कंपनी पर दबाव डाल रही थी कि वह विमानों का बड़े पैमाने पर उत्पादन शुरू करे ताकि नाज़ी जर्मनी को हराया जा सके। दवाब के आगे झुकते हुए उन्होंने गांधीजी को पत्र लिखने के एक माह पहले ही विमानों का उत्पादन शुरू किया था। खैर, लंदन स्थित यूनाइटेड प्रेस ऑफ इंडिया के संपादक टी.ए. रामन के हाथों यह पत्र गांधीजी को भिजवाया गया जो उन्हें 8 दिसंबर 1941 को मिला। पर्ल हार्बर पर जापान के हमले के एक दिन बाद। उपहार

में गांधीजी ने फोर्ड को चरखा भिजवाया। रामन ने खुद ग्रीनफील्ड विलैज, मिशिगन में फोर्ड को यह चरखा सौंपा। फोर्ड चरखे की यांत्रिक सादगी से चमत्कृत रह गए। उन्होंने चरखे को सादगी के सिद्धांत और आर्थिक निर्भरता के प्रतीक के रूप में संभालकर रखा। वे प्राय: गहरी निराशा के पलों में चरखा चलाया करते थे।

दक्षिण अफ्रीका में बनाए तीन फुटबॉल क्लब

गांधीजी ने दक्षिण अफ्रीका में 1893 और 1915 के बीच रहते हुए डर्बन, प्रिटोरिया और जोहानिसबर्ग में तीन फुटबॉल क्लब बनाए थे। सबका नाम रखा पैसिव रेसिस्टेंस सॉकर क्लब। वे मैच के दौरान पेम्फ्लैट बांटकर लोगों से आंदोलनों में शामिल होने का आह्वान करते। इसीसे उन्होंने अश्वेत लोगों के लिए समान अधिकार हासिल किए। वे फुटबॉल टीमों को संबोधितक करके और हॉफ टाइम में लोगों को भाषण देकर प्रेरित करते थे।

ब्रिटेन ने डाक टिकट जारी किया

जिस ब्रिटेन के खिलाफ गांधीजी ने आंदोलन किए उसने गांधी शताब्दी वर्ष में उनके सम्मान में डाक टिकट जारी किया था। मार्च 2015 में लंदन के पार्लियामेंट स्क्वैयर पर गांधीजी की 9 फीट ऊंची कांसे की प्रतिमा भी स्थापित की।

पांच नोबेल पुरस्कार विजेताओं के प्रेरणा पुरुष

राष्ट्रपिता ने दुनियाभर में लाखों लोगों को अहिंसा और सत्याग्रह के लिए प्रेरित किया। लेकिन शांति के लिए नोबेल पुरस्कार से सम्मानित पांच विश्व नेताओं मार्टिन लुथर किंग जूनियर, दलाई लामा, आंग सान सू की, नेल्सन मंडेला और अदोल्फो पेरेज एस्क्वीवेल (अर्जेंटीना) ने औपचारिक रूप से स्वीकार किया कि वे गांधी दर्शन से प्रभावित रहे हैं। नोबेल शांति पुरस्कार के लिए गांधीजी के नाम पर 1937, 1938, 1939 और 1947 पर विचार किया गया था। 1948 में भी उनका नामांकन हुआ था, लेकिन जनवरी में ही उनकी हत्या हो गई। उस साल नोबेल समिति ने यह कहते हुए किसी को भी इस सम्मान से नहीं नवाज़ा कि 'कोई भी योग्य व्यक्ति नहीं था।' 2006 में नोबेल समिति ने कहा था कि गांधीजी को यह सम्मान न दे पाने का उसे खेद है।

क्या आपको पता है गांधी जी को कहां से मिली उनकी लाठी?

महात्मा गांधी का नाम लेते ही उजली धोती और लाठी लिए एक शख़्स की छवि हमारे दिमाग में उभरती है। मगर शायद कुछ ही लोग गांधी जी की उस लाठी के पीछे छुपी कहानी से वाकिफ़ हों। उनकी इस लाठी का भी एक दिलचस्प इतिहास है। यह इतिहास किसी किताब में दर्ज भी नहीं है।

दरअसल 1934 में मुंगेर में आए भूकंप के बाद गांधी जी जब वहां के गांव घोरघाट पहुंचे तो वहां के लोगों ने अपनी बेहतरीन लाठी गांधी जी को उपहार स्वरूप दी। इस लाठी को गांधीजी ने केवल इसी शर्त पर स्वीकार किया कि घोरघाट के ग्रामीण अब ब्रिटिश हुकुमत को लाठी की आपूर्ति नहीं करेंगे क्योंकि इसका दुरुपयोग स्वतंत्रता के खिलाफ किया जाता था। घोरघाट उस समय लाठी का मुख्य आपूर्ति केन्द्र था। घोरघाट के ग्रामीणों ने अपना वचन निभाया। गांधी जी ने अंत तक घोरघाट की लाठी अपने पास रखी।

क्या आप जानते है गांधी जी तीन बंदर कब और कहां से आये ?

गांधी जी से जुड़ी आपने कई सीख सुनी होंगी जो हमे एक अच्छा नागरिक बनाने के साथ अच्छा इन्सान बनने के लिए भी प्रोत्साहित करती है। इन्ही में से एक कहावत जुड़ी है 'गांधी जी के तीन बंदर', इनके बारे में आपने बचपन से सुना होगा और सीखा भी होगा। पर क्या आप जानते है की गांधी जी के ये तीन बंदरों के पीछे एक बड़ी दिलचस्प कथा है।

आईये आपको बताते है गांधीजी के इन तीन बंदरों का रहस्य। ये तीनों बंदर महज़ एक सोच नहीं है। ये गांधीजी को एक भेंट में मिले थे। इन तीनों बंदरों के अलग-अलग नाम भी है जो इस प्रकार है मिजारू बंदर, किकाजारू बंदर और इवाजारू बंदर। इन तीनों की अलग अलग खासियतें है जो आपने सुनी होंगी-

मिजारू बंदर: इस बंदर ने अपनी आंखों पर पर हाथ रखकर ये दर्शाया है कि कभी भी बुरा काम होते हुए नही देखे और बल्कि उसका प्रतिवाद करो।

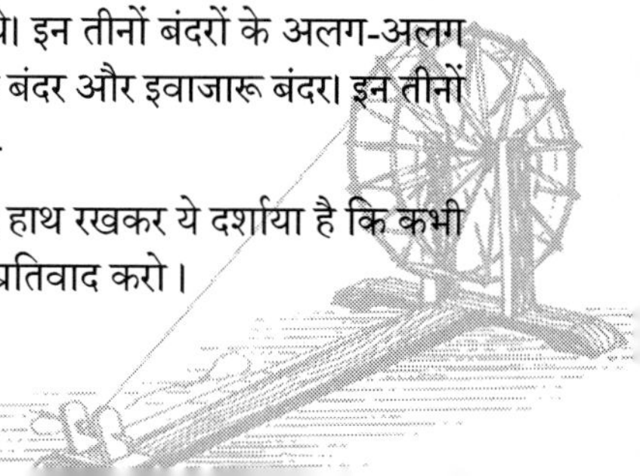

किकाजारू बंदर : इस बंदर ने अपने कानों पर हाथ रख के ये दर्शाया है कि कभी भी बुरा न सुनो।

इवाजारू बंदर : इसने दोनों हाथों से मुंह बंद कर ये दर्शाया है कि कभी भी बुरा मत बोलो।

गांधीजी पूरी दुनिया में मशहूर थे और दुनियाभर से लोग उनसे मिलने आते थे। इसी तरह एक बार चीन का चीन का एक प्रतिनिधिमंडल उनसे मिलने आया। गांधीजी से मिलने के बाद उन्होंने गांधीजी को सम्मान के तौर पर एक भेंट दी साथ ही ये भी कहा की ये भेंट भले ही ज्यादा कीमत की न हो और इसका मूल्य बच्चों के खिलोने जितना हो सकता है पर हमारे देश में बहुत ही मशहूर हैं।

गांधीजी इस भेंट को सप्रेम स्वीकार कर लेते है। इस तरह ये तीन बंदर उनके नाम के साथ हमेशा के लिए जुड़ गए। माना जाता है कि ये बंदर बुरा न देखो, बुरा न सुनो, बुरा न बोलो के सिद्धांतों को दर्शाते हैं।

गांधीजी के इन तीन बंदरों को जापानी संस्कृति से भी जोड़ा जाता है। आपको बता दें जापान के शिंटो संप्रदाय में बंदरों को काफी सम्मान दिया जाता है। जापान में इन्हें 'बुद्धिमान बंदर' माना जाता है और इन्हें यूनेस्को ने अपनी वर्ल्ड हेरिटेज लिस्ट में शामिल किया है।

महात्मा गांधी जी के जीवन से जुड़े विशेष तथ्य एवं घटनाएं

- गांधीजी का जन्म कब हुआ
  -2 अक्टूबर, 1869 में
- गांधी जी का जन्म दिवस किस तिथि को मनाया जाता है?
  - 2 अक्टूबर
- गांधी जी का पूरा नाम क्या है?
  - मोहन दास करमचंद गांधी
- साबरमती आश्रम की स्थापना गांधीजी ने कहां की थी?
  -अहमदाबाद (1917 में)
- गांधीजी अपना राजनीतिक गुरू किसको मानते थे?
  - गोपाल कृष्ण गोखले
- गांधीजी जी दक्षिण अफ्रीका से कब लौटे थे?
  -1915 में
- गांधी जी को महात्मा की उपाधि किसने दी थी?
  - रबीन्द्रनाथ टैगोर
- असहयोग आन्दोलन का प्रारम्भ (1920–21) किसने किया था?
  - महात्मा गांधी ने
- प्रथम विश्व युद्ध के दौरानमहात्मा गांधी को क्या कहा गया था? - रिक्रूटिंग सार्जेन्ट
- गांधी जी को सर्वप्रथम किसने राष्ट्रपिता कहकर सम्बोधित किया था? - सुभाष चन्द्र बोस
- गांधी जी ने सत्याग्रह' के हथियार का सर्वप्रथम प्रयोग कहां किया था? - दक्षिण अफ्रीका में
- गांधी जी ने भारत में सत्याग्रह' सबसे पहले कहां किया था? - चम्पारण में
- गांधी जी के सत्याग्रह का प्रमुख अस्त्र क्या है? - अहिंसा
- गांधी जी ने सर्वप्रथम किस आन्दोलन के दौरान भूख हड़ताल को अपना अस्त्र बनाया?
  - अहमदाबाद आन्दोलन

- भारत छोड़ो प्रस्ताव पारित होने के बाद गांधीजी को कैद करके कहां रखा गया था?
  - आगा खां पैलेस (पुणे) में
- गाधी जी ने एकमात्र किस कांग्रेस अधिवेशन की अध्यक्षता की थी? -बेलगांव, 1924
- गांधीजी वकालत करने के लिए दक्षिण अफ्रीका के कब गए थे।-1893 में
- गांधी जी ने पहली सत्याग्रह प्रयोग कब किया किया। -सितम्बर 1906 में दक्षिण
- अफ्रीका, ट्रांसवाल में भारतीयों खिलाफ जारी एशियाई अध्यादेश विरोध में गांधी जी को पहली कारावास कब हुआ था। -दक्षिण अफ्रीका में जोहानिसबर्ग में 1908।
- किस रेलवे स्टेशन में गांधी अपमानित किया और अपदस्थ किया गया था। - दक्षिण अफ्रीका में
- पीटरमैरिट्सबर्ग रेलवे स्टेशन पर गांधीजी ने टालस्टाय फार्म (दक्षिण अफ्रीका) कब शुरू किया था।
  - 1910 में
- गांधीजी फीनिक्स सेटलमेंट कहां शुरू कर दिया था। - दक्षिण अफ्रीका के डरबन में
- दक्षिण अफ्रीका में गांधी जी द्वारा शुरू किये गए साप्ताहिक का क्या नाम है।
  -इंडियन ओपिनियन (1904)
- गांधी जी दक्षिण अफ्रीका से भारत कब लौटे। - 9 जनवरी 1915 (9 जनवरी को इसी कारण प्रवासी भारतीय दिवस मनाया जाता है।
- भारत में गांधी जी का प्रथम सत्याग्रह कहां हुआ था। - यह 1917 में चंपारण में इंडिगो श्रमिकों के अधिकार के लिए किया गया था।
- गांधी की पहली अनशन (भारत में गांधी के दूसरे सत्याग्रह) कहां हुआ था।
  -अहमदाबाद में
- किस कारण गांधी जी ने कैसर-ए-हिन्द पदवी छोड़ दी थी। जलियांवाला बाग नरसंहार
- (1919) यंग इंडिया और नवजीवन साप्ताहिक का प्रारंभ किस ने किया था।
  -महात्मा गांधी

- किस एकमात्र कांग्रेस के अधिवेशन की अध्यक्षता गांधी जी की थी-1924 में बेलगाम में कांग्रेस अधिवेशन की 1932 में अखिल भारतीय हरिजन समाज किसने शुरू किया था।
  -महात्मा गांधी
- वर्धा आश्रम कहां स्थित है। - महाराष्ट्र में
- गांधीजी ने साप्ताहिक हरिजन कब शुरू किया था।-1933
- गांधी जी को अर्द्ध नग्न फ़क़ीर किस ने कहा था। - विंस्टन चर्चिल
- टैगोर को गुरुदेव का नाम किस ने दिया था।-महात्मा गांधी ने
- गांधी जी को महात्मा किसने कहा था । -टैगोर
- गांधी का अध्यात्मिक गुरु कौन है।-लियो टॉलस्टॉय
- गांधी जी की हत्या कब हुई थी।-30 जनवरी 1948
- गांधी जी ने ‘पोस्ट डेटेड चेक’ किसे कहा था।-क्रिप्स मिशन (1942) को
- गांधी जी ने ‘हिन्द स्वराज’ का प्रकाशन कब किया था।-1908 में
- बाबा आम्टे को ‘अभय सदक’ का ख़िताब किस ने दिया था। -गांधी जी ने
- भारतीय स्वतंत्रता संग्राम में किस अवधि को 'गांधी युग' के रूप में माना जाता है।
  -1915 – 1948
- भारत में गांधी जी का तीसरा सत्याग्रह कहां था।-खेड़ा सत्याग्रह
- गांधी की आत्मकथा का असली नाम क्या है।-सत्य न प्रयोगों
- किस काल को गांधी की आत्मकथा का काल माना जाता है। -1869-1921
- गांधीजी की आत्मकथा प्रथम बार कब प्रकाशित हुई?-1927 (नवजीवन में)
- गांधी जी ने अपने आत्मकथा किस भाषा में लिखी -गुजराती
- गांधी जी की आत्मकथा का इंग्लिश में अनुवाद किस ने किया था?- महादेव देसाई
- सत्याग्रह सभा की स्थापना किसने की थ। - गाधी जी ने
- महादेव देसाई के हस्तान्तरण के बाद गाधी जी का सचिव किसे बनाया गया था?
  - प्यारेलाल
- गांधी जी की अनुयायी मीरा बहन का वास्तविक नाम क्या था।-मेडेलीन स्लेड

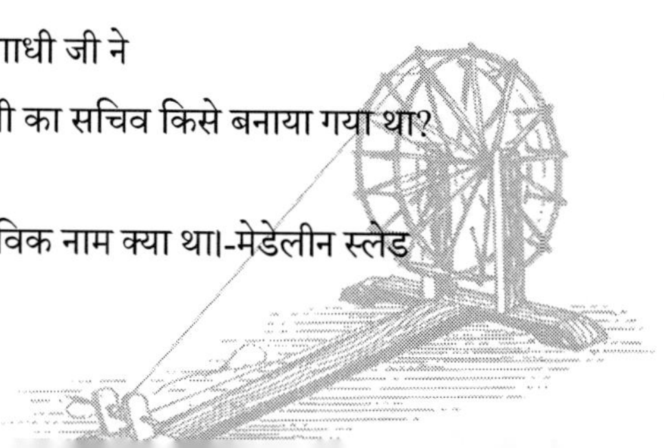

- किस ने गांधी के दांडी मार्च की तुलना श्री राम की लंका पौराणिक यात्रा से की थी।
  -मोतीलाल नेहरू
- किसे सीमांत गांधी नाम से जाना जाता है। - खान अब्दुल गफ्फार खान
- किसे बिहार के गांधी के रूप में जाना जाता है।-डॉ राजेन्द्र प्रसाद
- आधुनिक गांधी के रूप में किसे जाना जाता है।-बाबा आम्टे
- श्रीलंका के गांधी के रूप में जाना जाता है।-ए.टी. अरियाराटने
- अमेरिकन गांधी के रूप में कौन जाना ज़ाता है।-मार्टिन लूथर किंग
- बर्मी गांधी के रूप में कौन जाना जाता है।-जनरल आंग सान
- अफ्रीकी गांधी के रूप में किसे जाना जाता है।-केनेथ कौंडा
- दक्षिण अफ्रीका के गांधी के रूप में जाना जाता है।-नेल्सन मंडेला
- केन्या गांधी के रूप में किसे जाना जाता है।-जोमो केन्याटा
- इंडोनेशियाई गांधी के रूप में किसे जाना जाता है।-अहमद सुकर्णो
- किस ने 'द वर्ड्स ऑफ़ गांधी' पुस्तक का लेखन किया था।-महात्मा गांधी
- गाँधी ऑन नॉन-वायलेंस' पुस्तक का लेखन किसने किया था।-थॉमस मर्टन
- 'दा लाइफ ऑफ़ महात्मा गांधी' पुस्तक का लेखन किसने किया था?-लुई फिशर
- पुस्तक 'ग्रेट सोल : महात्मा गांधी एंड हिज स्ट्रगल विथ इंडिया' का लेखन किसने किय।
  -जोसेफ लेलीवेल्ड
- किस आन्दोलन के समय गांधीजी ने कहा कि 'मेरे जीवन का यह अंतिम संघर्ष होगा' और आंदोलनकारियों को 'करो या मरो का नारा' दिया? - भारत छोड़ो आन्दोलन
- 915 ई० में गांधीजी को ब्रिट्रिश सरकार ने किस उपाधि से सम्मानित किया था? - कैसर-ए-हिन्द
- गांधीजी का 'डांडी मार्च' किस आन्दोलन से संबंधित था? - नमक सत्याग्रह आन्दोलन
- महात्मा गांधी को 'अर्धनग्न फकीर' किसने कहा था?- चर्चिल ने
- प्रथम विश्व युद्ध के दौरान महात्मा गांधी को क्या कहा गया था? - रिक्रूटिंग सार्जेन्ट

- महात्मा गांधी को सर्वप्रथम किसने राष्ट्रपिता कहकर सम्बोधित किया था? - सुभाष चन्द्र बोस
- महात्मा गांधी ने 'सत्याग्रह' के हथियार का सर्वप्रथम प्रयोग कहां किया था? - दक्षिण अफ्रीका में
- महात्मा गांधी ने भारत में 'सत्याग्रह' सबसे पहले कहां किया था? - चम्पारण में
- महात्मा गांधीजी के सत्याग्रह का प्रमुख अस्त्र क्या है? -अहिंसा
- महात्मा गांधी ने सर्वप्रथम किस आन्दोलन के दौरान भूख हड़ताल को अपना अस्त्र बनाया?
  - अहमदाबाद आन्दोलन
- भारत छोड़ो प्रस्ताव पारित होने के बाद गांधीजी को कैद करके कहां रखा गया था?
  - आगा खां पैलेस (पुणे) में
- गांधीजी ने अखिल भारतीय हरिजन संघ की स्थापना कब की थी? - 1932 में
- यंग इंडिया (पत्र) व हरिजन (पत्र) के सम्पादक कौन थे? - महात्मा गांधी
- 'हिन्दू स्वराज' व 'माई एक्सपेरीमेन्टस विद ट्रुथ' पुस्तक के लेखक कौन थे? - महात्मा गांधी

●●●